FRANCISCO STIGLICH

EL LIBRO DE LA
MAGIA
TALISMÁNICA

INTRODUCCIÓN AL ESTUDIO DE LA ANGELOLOGÍA ASTRO/CABALÍSTICA

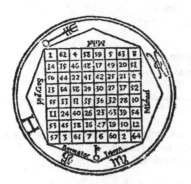

EL LIBRO DE LA MAGIA TALISMÁNICA
es editado por
EDICIONES LEA S.A.
Av. Dorrego 330 C1414CJQ
Ciudad de Buenos Aires, Argentina.
E-mail: info@edicioneslea.com
Web: www.edicioneslea.com

ISBN: 978-987-718-740-3

Segunda edición. Impreso en Argentina.
Marzo de 2022. Arcángel Maggio - División Libros

Stiglich, Francisco
   El libro de la magia talismánica : introducción al estudio de la Angelología Astro-Cabalística /
Francisco Stiglich. - 1a ed. - Ciudad Autónoma de Buenos Aires : Ediciones Lea, 2022.
   256 p. ; 23 x 15 cm. - (Armonía)

   ISBN 978-987-718-740-3

   1. Magia . 2. Esoterismo. 3. Espiritualidad. I. Título.
   CDD 133.43

A los maestros de la tradición del hermetismo cristiano y a todos aquellos que, inspirados por las palabras de este libro, encuentren en la magia talismánica un modo de servir a quienes lo necesiten, cumpliendo con la triple misión del mago: curar, sembrar y consolar.

Introducción

Como ya lo hemos comentado en nuestro *Manual de alta magia*, para el célebre mago español Papus: *"la acción social del mago se condensa en estas tres palabras: CURAR, SEMBRAR, CONSOLAR. Tal es la triple misión del verdadero adepto de la ciencia de los magos"*.

Un talismán es un elemento por medio del cual podemos hacernos bien a nosotros mismos y hacer el bien a otros.

Trazar un talismán, como pintar un "ícono"[1] o dibujar un "mandala" es una forma de meditación, es un acto sanador y terapéutico para quien lo ejercita, pero junto a esto, por medio de un talismán, podemos beneficiar y favorecer los procesos de crecimiento, tanto propios como los de otras personas. Los antiguos magos no encontraron límites para la aplicación de talismanes, los cuales pueden ser utilizados en áreas tan diversas como el desarrollo espiritual, la protección de lugares, el bienestar de animales y plantas, la protección frente a energías negativas, la salud, etc.

La magia talismánica o, como la ha dado en llamar el gran mago y hermetista Eliphas Levy, la "numismática oculta", es un arte sagrado. Para ser practicado eficazmente, este arte requiere de la aplicación simultánea de diversos conocimientos ligados a la magia, la astrología, la angelología y la cábala entre otros.

---

1   Los íconos son imágenes religiosas propias del cristianismo oriental.

La elaboración de un talismán cumple con el axioma de la magia y la alquimia que dice: *Suma fuerza a la fuerza...* A fin de lograr cumplir con él, es necesario elaborar y consagrar los talismanes siguiendo las reglas del arte talismánico, tal como fueron enseñadas por la tradición de los magos. Sumar fuerza a la fuerza implica añadir a la virtud mágica de los elementos terrestres el poder de las energías celestes.

Por todo esto, podemos decir que un talismán es mucho más que una mera joya o un adorno. Un talismán es un objeto visible en el cual se ha logrado "fijar" o –como se puede decir utilizando terminología propia de la alquimia– "coagular", una fuerza, una energía invisible. Realizar talismanes es un modo de atraer, condensar e irradiar Luz.

En el presente libro, estimado lector, profundizaremos en aquello que es necesario saber para poder elaborar talismanes siguiendo las reglas de la magia talismánica, los diferentes tipos de talismanes y sus virtudes particulares; su correcta elaboración, los materiales adecuados para cada uno de ellos, el tiempo propicio para trazarlos y consagrarlos, etc.

Existen muchos y muy diversos talismanes y cada uno de ellos es portador de una energía específica.

En nuestro libro, trataremos sobre los siguientes tipos de talismanes:
- Los talismanes de los siete planetas.
- Los talismanes de los setenta y dos ángeles cabalísticos.
- Los talismanes de las veintiocho moradas de la Luna..
- El pentagrama mágico.
- Los sellos sagrados.

A esto le sumamos un capítulo dedicado a los anillos mágicos, las espadas, las dagas y los tridentes.

Comparto contigo, estimado lector, el fruto de varias décadas de trabajo en la elaboración ritual de talismanes y te invito –guiados por la mano de los maestros tradicionales de la magia y la alquimia– a adentrarnos en una labor en la cual, lo estético, lo simbólico, lo energético y lo espiritual se amalgaman de manera perfecta. Una ciencia y un arte que alimentan el alma y enriquecen el espíritu.

CAPÍTULO 1

He aquí la fuerza de la fuerza

La palabra "talismán", deriva del término griego "thelema", el cual suele traducirse comúnmente como "voluntad". Según la acepción que se aplica a esta palabra en el marco de la magia y el hermetismo, el término thelema define mucho más que la mera voluntad humana. Thelema es el nombre con que se designa a aquella fuerza vital que se encuentra en todas las cosas. Una fuerza única que es diferente en cada criatura y a su vez las unifica.

El vocablo thelema está presente en "la tabla de esmeralda", pequeño texto al que se le adjudica la autoría de Hermes Trimegisto.

La tabla esmeralda

"Es cierto, sin mentira y muy verdadero.

Lo que está abajo es como lo que está arriba, y lo que está arriba es como lo que está abajo para realizar los milagros de la cosa única.

Y como todas las cosas provinieron y provienen del Uno, así todas las cosas nacen en esta cosa única por adaptación.

El sol es el padre, la luna es la madre, el viento lo llevó en su vientre, la tierra es su nodriza, el padre de todo, el Thelema de todo el mundo está aquí, su fuerza es total si se convierte en tierra.

Separarás la tierra del fuego, lo sutil de lo denso, suavemente, con gran diligencia.

Asciende de la tierra al cielo y desciende directamente a la tierra, y recibe la fuerza de las cosas inferiores y superiores. Por este medio tendrás toda la gloria del mundo y toda oscuridad se alejará de ti.

Esta es la fuerza de toda fuerza, pues ella vencerá toda cosa sutil y penetrará toda cosa sólida.

Así fue creado el mundo.

De esto habrá y surgirán innumerables adaptaciones, cuyo medio está aquí.

He aquí por qué se me ha llamado Hermes Trismegisto, poseedor de las tres partes de la filosofía del mundo.

Lo que he dicho sobre la operación del Sol se ha cumplido y consumado".

El thelema descrito en la tabla esmeralda, no es finalmente otra cosa que aquello que el hermetismo ha definido como "luz astral".

La luz astral es, según lo enseñan los hermetistas del siglo XIX, una fuerza universal que anima y mantiene unidas y vinculadas a todas las cosas entre sí.

Fue el mago francés E. Levi quien definió claramente a esta fuerza misteriosa y es él quien indica la relación de esta con el thelema de la tabla de esmeralda.

" porque el grande agente de la operación del sol es esa fuerza descrita en el símbolo de Hermes, de la tabla de esmeralda, es el poder mágico universal, es el motor espiritual ígneo; es el 'od', según los hebreos, es la luz astral…".

Papus se hace eco de esta enseñanza y, apoyándose en los textos de E. Levi, relaciona al thelema referido en la tabla esmeralda con la luz astral.

"Esta cosa única, de la que todo deriva, es la Fuerza universal cuya generación es descrita por Hermes:

"El Sol (positivo) es su Padre,
La Luna (negativo) es su Madre,
El Viento (receptor) la llevó en su vientre,
La Tierra (materialización y desarrollo) es su nodriza".

Esta cosa que él llama Thelema, es de tal importancia que, aunque corriendo el riesgo de extender demasiado esta explicación, transcribiré lo que opinan muchos autores sobre este tema centrado en la Luz Astral.

"Existe un agente mixto –natural y divino, corporal y espiritual–, un dúctil mediador universal, un receptáculo común de las vibraciones del movimiento y de las imágenes de la forma, un fluido y una fuerza a los que podría llamarse, de alguna manera, 'la imaginación de la Naturaleza'.

"Mediante esta fuerza, todos los sistemas nerviosos se comunican secretamente entre sí; de ella nacen la simpatía y la antipatía; de ella provienen los sueños: por ella se producen los fenómenos de la 'segunda vista' y la visión sobrenatural. Este agente universal de las obras de la Naturaleza, es el 'od' de los hebreos y de Karl Louis von Reichenbach (1788–1869), y es la Luz Astral de los martinistas.

"La existencia y el posible uso de esta fuerza son el Gran Arcano de la magia práctica.

"La Luz Astral imanta y calienta; alumbra y magnetiza; atrae y rechaza; vivifica y destruye; coagula y separa; rompe y vuelve a unir todas las cosas bajo el impulso de voluntades potentes." (*Historia de la Magia*, de Eliphas Levi).

"Los cuatro fluidos imponderables son sólo las diversas manifestaciones de un mismo agente universal que es la luz". (*La Clave de los Grandes Misterios*, de Eliphas Levi)

Muy anteriormente a E. Levy, esta luz astral es descrita por C. Agrippa, el cual la llama, siguiendo la terminología de la magia antigua el "espíritu del mundo". Podemos notar aquí las similitudes existentes entre aquello que C. Agrippa define de este modo, con la luz astral de los hermetistas.

"Es, por tanto, a través de este espíritu que todas las cualidades ocultas se expanden sobre las hierbas, las piedras, los metales y los animales, por medio del sol, de la luna, de los planetas y de las estrellas que están por encima de los planetas…".

El thelema, la luz astral, es el gran agente mágico propiamente dicho, es *la fuerza de toda fuerza* a la que se refiere la tabla esmeralda.

En la versión árabe de la tabla esmeralda, la relación entre el thelema y los talismanes es más notoria, ya que en esta, el quinto párrafo, en el cual en la versión latina dice: *"el padre de todo, el Thelema de todo el mundo, está aquí su fuerza es total si se convierte en tierra"* es expresado de este modo:
"Él es el padre de los talismanes y el custodio de los milagros".

Los diferentes talismanes condensan e irradian un aspecto diverso de esta luz. Así como cada color expresa una porción del prisma, cada talismán porta un aspecto específico –y no otro– de esta Luz. Así es, por ejemplo, que los talismanes del Sol condensan e irradian energía solar, y los de Marte energía marcial.

La luz astral, el thelema, es un "agente plástico", esto quiere decir que su energía es adaptable. Es planetaria en los planetas, humana en lo humano, natural en la naturaleza. Así mismo, ella es el elemento vinculante entre todo aquello que es "simpático". De este modo, la luz astral hace, por ejemplo, que la energía del Sol se exprese en el hombre en aquello que en él es solar y, de igual modo que aquello que en una planta o una piedra es solar, actúe sobre los órganos o funciones que son solares en el cuerpo humano.

La luz astral, como fuerza vital, se adhiere a todo lo viviente. Ella vivifica lo vivo, haciendo parte de aquello que vivifica. Sobre estas cualidades de la Luz astral se refiere E. Levy del siguiente modo:

"…siendo esta luz el instrumento de la vida, se fijará naturalmente en todos los centros vivientes; se adhiere al núcleo de los planetas como el corazón del hombre (y por su corazón, entendemos en Magia, el gran simpático) identificándose a la propia vida del ser que anima, y es por esta propiedad de asimilación simpática como se comparte sin confusión. Es terrestre en sus relaciones con el globo terráqueo, y exclusivamente humana en sus relaciones con los hombres".

La luz astral, este agente universal al cual se refiere la tabla de esmeralda, tiene la posibilidad de ser atraída, ordenada, dirigida y fijada a voluntad. Tal como dice Papus: *"La existencia y el posible uso de esta fuerza son el Gran Arcano de la magia práctica".*

Siguiendo esta línea de interpretación, podemos decir que un talismán es un objeto capaz de portar Thelema o Luz astral.

Nos acercamos así a una definición más clara de lo que para la tradición de la magia es un talismán.

Utilizando un lenguaje sencillo podemos definir a un talismán, como: *un elemento capaz de atraer, condensar e irradiar energía según la voluntad del operador.*

Uno de los factores determinantes en lo que hace a la fuerza y la virtud mágica de un talismán, radica en la elección correcta del material con el cual debe elaborarse. En el siguiente capítulo, veremos cuáles son estos materiales y cuáles son los cuidados energéticos que debemos tener para trabajar con ellos.

Estimado y atento lector, siguiendo la regla de "sumar fuerza a la fuerza", en la elaboración de talismanes, como en toda práctica de la magia tradicional, se considera esencial el respeto a cuestiones rituales como el tiempo sagrado, la consagración de los elementos y herramientas a emplear, el armado del altar para la consagración, las plegarias, el incienso, los perfumes etc. Cuanto mayor es el respeto a estas reglas mayor será la virtud de nuestros talismanes. Por todo esto, es sumamente importante que los materiales con los que trabajamos sean de la mejor calidad de que podamos disponer. También es importante poder trabajar con herramientas consagradas

correctamente y, por supuesto, para que los talismanes sean eficaces, deben ser consagrados de manera adecuada. Esto es tan así que, para muchos magos tradicionales, si un talismán no es consagrado poseerá una virtud mágica nula.

En el capítulo XII, correspondiente a las consagraciones, veremos todo lo referido a las mismas.

CAPÍTULO 2

Los materiales

El libro de magia talismánica conocido como *Picatrix* dice: "*cuando trabajes alguna cosa con un astro, procura que el cuerpo de que haces la obra sea homogéneo con el astro*".

Para elaborar un talismán que posea verdadero poder y para que sea auténticamente portador de una determinada "energía" o "fuerza", es necesario que el mismo sea realizado en un material que sea "simpático" a esa energía y a esa fuerza. El material en que se realiza un talismán debe estar en concordancia con las energías del mismo.

Existe un material específico para cada tipo de talismán. Es sumamente importante prestar adecuada atención, no solamente al modo correcto en que un talismán debe ser elaborado, sino también con qué materiales, dado que algunos son adecuados para poder portar y expandir ciertas y determinadas energías y no otras. Los metales y las piedras de un planeta, poseen un tono energético armónico y similar al del planeta, tal como si estuvieran —utilizando la metáfora musical— afinados en una misma nota. Conocer las relaciones ocultas entre los diferentes elementos de la naturaleza y los planetas es una de las claves de la práctica mágica y alquímica. Como reza el antiguo adagio: cada cosa lleva el "signo", el "sello" o la "firma" del planeta y la fuerza que porta. Sea en una planta, un metal, un animal o una piedra; su color, su aroma, sus virtudes medicinales, etc. nos indican cuál es el planeta al que está ligado y con el cual se encuentra en simpatía. Para elaborar un talismán de manera adecuada es necesario hacerlo en el material que le es afín, aquel que puede ser portador eficaz de la energía y la virtud mágica que luego, al trazarlo y consagrarlo adecuadamente, se le conferirán.

Muchos y muy diferentes materiales pueden aplicarse en la elaboración de un talismán: metales, piedras, pergamino, cera de abejas, vidrio, papel, etc. A continuación veremos las virtudes de ellos y las condiciones necesarias que deben poseer para poder ser utilizados en el arte talismánico.

Metales

Muchos y muy diversos son los materiales sobre los cuales se pueden trazar talismanes. Según lo enseña la tradición mágica, el material más adecuado para esto son los metales. Dice Paracelso: *"es muy digno de ser conocido, los siete Planetas no poseen mayores fuerzas de las que tienen en sus propios metales, a saber: el Sol en el oro, la Luna en la plata, Venus en el cobre, Júpiter en el estaño, Mercurio en el hidrargirio, Marte en el hierro, Saturno en el plomo".*

La experiencia personal nos ha dado suficientes muestras de que los talismanes que poseen más efectividad son aquellos elaborados en metal y los que han sido preparados en papel virgen. En los primeros, su fuerza radica en la misma virtud del metal; en los segundos, en la virtud de los materiales con que son trazado como pueden ser las tintas consagradas.

Cada uno de los planetas tradicionales posee un metal que le es propio. Según lo enseña la tradición de la magia y la alquimia, y tal como lo hemos visto en el texto de Paracelso más arriba, son los metales correspondientes a los siete planetas siguientes:

Saturno: Plomo
Júpiter: Estaño
Marte: Hierro

Sol: oro
Venus: Cobre
Mercurio: Mercurio
Luna: Plata

Todos los metales poseen mayor virtud mágica si las medallas sobre las que se elaboran los talismanes son fundidas en el momento astrológico adecuado. De no ser así, se pueden utilizar medallones tomados de planchas metálicas, purificados debidamente antes de la elaboración del talismán.

Los talismanes elaborados en metal se trazan con buriles debidamente consagrados[2].

Metales de Saturno

Saturno es el planeta más alejado del sistema y el más lento. El mismo está ligado a la profundidad y la sabiduría. El plomo, pesado y oscuro, es el metal propio de este astro.

Cuando Saturno se encuentra en regencia en los signos de Capricornio y Acuario, podemos elaborar sus talismanes en plomo; cuando se encuentra en Libra, signo donde está exaltado, podemos realizarlos en cobre.

Los talismanes de plomo se recubren comúnmente de varias capas de cera de abeja con el fin de evitar su desgaste.

Según C. Agrippa, el oro, dado su peso, se le atribuye también a Saturno.

Metales de Júpiter

Júpiter es llamado "el gran benefactor". Así mismo, suele ser denominado como: el bueno, el piadoso, el bondadoso. Su metal es el estaño, metal maleable y bello que irradia un brillo tenue y delicado.

---

2   Para grabar talismanes sobre metal, también se utilizan ácidos, tal como lo hacía Papus y lo enseña a hacer en su *Tratado elemental de magia práctica*. Este método, dado el riesgo que implica, no debe ser aplicado por quienes no poseen un manejo adecuado de estos materiales.

Cuando Júpiter se encuentra en Sagitario o Piscis –signos de regencia–, podemos elaborar sus talismanes en estaño. Cuando se encuentra en Cáncer –signo donde está exaltado– podemos realizarlos en plata.

Como ocurre con otros metales, en la elaboración de talismanes debemos utilizar estaño puro, no fundido con otros.

Los metales de este planeta, según la adjudicación efectuada por C. Agrippa, son el estaño, la plata y el oro.

Metales de Marte

Marte es el planeta de la fuerza, el vigor, la voluntad. Ligado a la lucha, el metal de Marte es el mismo con que forjamos espadas, el hierro.

Cuando Marte está en los signos de Aries y Escorpio, en los que se encuentra en regencia, aconsejamos la elaboración de talismanes en hierro; cuando se encuentra en su signo de exaltación, Capricornio, podemos también realizarlos en plomo.

En la elaboración de talismanes marciales también se suele utilizar el acero, ya que el mismo aporta la virtud de no oxidar aunque su fuerza vibratoria sea menor que la del hierro.

Metales del Sol

LLa dignidad del Sol como planeta queda patentizada en la dignidad del metal que le pertenece: el oro. Este es el metal sagrado por excelencia, en el cual se expresa la fuerza y la virtud del astro rey, el Sol. Muchos de los nombres del Sol hacen alusión al oro. Dice C. Agrippa que al Sol también se lo llama *"el arquero: el ardiente; el ígneo; el dorado: el portador de la llama; el radiante; la cabeza de fuego; la cabeza de oro; el ojo del mundo…"*.

Los elementos litúrgicos, la patena y el cáliz, de la tradición cristiana deben estar recubiertos en su interior de oro ya que ningún otro metal puede tocar el pan y el vino sacramentados. Son de oro los elementos sagrados del templo de Salomón, como el candelabro: asimismo, el arca de la alianza es recubierta de oro, al igual que el altar de los perfumes. La presencia de este metal es inmensa en las escrituras y aunque aparece bajo diferentes formas en los textos sagrados, siempre está asociado a Dios y a la luz.

Los talismanes del Sol, al igual que los sellos sagrados, deben realizarse en lo posible en oro o en piezas de bronce cubiertas de oro. Si esto no es posible, se puede realizar los talismanes del Sol en bronce o en hierro cuando el Sol se encuentra en el signo de Aries, en el que se encuentra en exaltación.

Metales de Venus

Los metales que se adjudican a Venus son el cobre y el estaño.

El cobre es un metal que emite una vibración ligada al color verde, el mismo color característico de su oxidación.

Cuando elaboramos talismanes con Venus en los signos de Tauro o Libra, en los cuales se encuentra en regencia, aconsejamos la utilización del cobre. Para la elaboración de talismanes con Venus ocupando el signo de Piscis, su exaltación, aconsejamos el uso del estaño.

En ciertos casos, C. Agrippa enseña a realizar talismanes de Venus en plata, dada la característica "femenina" de este metal, y le adjudica a este planeta también el bronce.

Metales de Mercurio

Mercurio es el planeta del intercambio, de lo "mixturado", razón por la cual se le adjudican todas las "aleaciones" y las "amalgamas" metálicas.

En la elaboración de talismanes de Mercurio, los magos antiguos utilizaban en muchas ocasiones el llamado "mercurio coagulado", el cual es una amalgama de mercurio y plomo ya que como dice Paracelso: *ningún otro metal tiene más afinidad con el mercurio que el plomo.* Dado que el mercurio es un metal extremadamente tóxico no se debe utilizar en la elaboración de talismanes. El mismo C. Agrippa no utiliza mercurio coagulado en la elaboración de los talismanes de este planeta, para los cuales recomienda la utilización de estaño, plata o bronce.

Paracelso, en la elaboración de un talismán de Géminis –signo regido por el planeta Mercurio– realiza una medalla con una aleación de oro y plata en la cual coloca un pequeño recipiente en el que vierte mercurio líquido. Como podemos notar, no es azarosa la elección de estos metales, el oro y la plata, ya que estos son los correspondientes al Sol y a la Luna. Como lo hemos dicho más arriba, Mercurio es el planeta de lo "mixto", lo "mixturado". En él los elementos opuestos y complementarios se hallan unidos, así como las serpientes del caduceo, las cuales son una blanca y otra negra.

Así como se unifican el Sol y la Luna en sus metales, generando un nuevo metal; lo mismo se realiza fundiendo los metales regentes de otros dos planetas como son Venus y Júpiter, los dos planetas que la astrología denomina "benéficos". De la fundición del cobre, planeta ligado a Venus, y el estaño, ligado a Júpiter obtenemos el bronce, metal sumamente sagrado, el cual fue utilizado en la elaboración de la serpiente que Moisés elevó en el desierto y el "mar de bronce" del templo de Salomón.[3] No es de menor importancia el hecho de que la "vara mágica", tal como la enseña a elaborar la tradición y tal como lo indica E. Levy, lleva dos aros metálicos, uno de cobre y otro de estaño.

Según mi práctica personal, estimado lector, aconsejo en la elaboración de talismanes metálicos de Mercurio la utilización de bronce o plata y, en algunos, casos plomo.

Para la elaboración de talismanes realizados con Mercurio en los signos de Géminis y Virgo, aconsejamos la utilización de bronce, y con Mercurio en Acuario, plomo.

---

3   No debemos confundir el bronce con el "latón", el cual es una aleación de cobre y zinc.

Metales de la Luna

En lo que hace a la plata, metal de la Luna, recomendamos la utilización de plata 1000, la cual no posee aleaciones. En caso de no disponer de esta plata, podremos utilizar plata de otras cualidades como pueden ser la plata 925 o aquellas otras que, al igual que esta, poseen un agregado de cobre u otros metales, con el fin de incrementar su dureza, ya que la plata pura es un metal sumamente maleable y blando.

Para elaborar talismanes de la Luna cuando esta se encuentra en el signo de Cáncer, del cual es su regente, recomendaremos la utilización de plata. Cuando se realizan con la Luna en Tauro, signo de exaltación, recomendaremos el uso del cobre.

Los talismanes de metal, según la indicación de E. Levy, los talismanes y los amuletos *"deben llevarse envueltos en saquitos de seda de colores análogos al espíritu del planeta y perfumados con el perfume correspondiente a su día, preservándolos de toda mirada y de todo contacto impuro"*. Los talismanes deben portarse en bolsitas de tela del color del planeta. De no ser así, aconsejo colocarlos en bolsitas blancas sobre las se inscriba algún signo del planeta. Los mismos también pueden utilizarse engarzados.

La relación entre metales y planetas es tan estrecha que la alquimia tradicional designa tanto a los unos como a los otros, los mismos nombres y símbolos. De este modo, se aplica, por ejemplo, el término "oro" para referirse al sol o el término "plomo" para referirse a Saturno.

Papel

La utilización de papel y de otros soportes del reino vegetal en el arte talismánico y en la escritura en general es sumamente antigua. Antes de la fabricación de papel, se utilizaba "papiro", llamado también "papel de Egipto", el cual se preparaba con el tallo de una planta denominada *cyperus papyrus,* que se cultivaba, al igual que hoy, en la zona de Siria y Palestina. Hasta el siglo XIII, fecha en que comienza más ampliamente la utilización del papel en la escritura, se utilizó el pergamino. Se atribuye a Ts'ai Lun, un ciudadano chino que vivió en el siglo uno, la idea de confeccionar papel utilizando cáñamo, corteza de árboles y restos de tela. Hasta el siglo XVIII, fecha en que se inventa en Francia la máquina de fabricar papel, todo el papel empleado en la escritura o en la imprenta esa elaborado de manera artesanal.

El papel fue y es un material muy utilizado para confeccionar talismanes. El mismo Papus lo recomienda para este fin en su *Tratado elemental de alta magia*. C. Agrippa y otros magos antiguos utilizaban para esto el "pergamino virgen", precursor del papel.

Para el trazado de talismanes –en caso de disponer de los elementos necesarios– se puede elaborar papel de manera artesanal, respetando el tiempo astrológico apropiado al planeta con el cual se trabajará. Este papel puede ser considerado "papel virgen"[4]. También podemos realizar talismanes con papel común, siempre y cuando tengamos en cuenta ciertas condiciones de purificación y preparación del mismo.

Uno de los factores a tener en cuenta a fin de lograr que los elementos que utilicemos en el arte talismánico posean una mayor carga energética favorable, es adquirirlos en los días de la semana que están en "relación simpática" con la obra a la que se los aplicará. Esta regla rige para todo tipo de herramienta o instrumento mágico.

Siguiendo la indicación de los magos tradicionales, es recomendable comprar los objetos a utilizar y las herramientas rituales en los días apropiados según sus correspondencias planetarias. Este gesto ritual posee una cierta virtud consagratoria, digna de ser tenida en cuenta. Todo elemento comprado

---

4   Todos los elementos que en la magia se denominan "vírgenes" son aquellos no han sido utilizados anteriormente y que han sido preservados del contacto con otros elementos que pudieran alterar su pureza energética.

en "su día", aun cuando no estuviera consagrado, posee una carga energética especial. En el caso de los papeles, es recomendable adquirirlos el día "lunes", día de la Luna, en relación a su blancura.

En el Capítulo IV dedicado al "tiempo sagrado" encontraremos las relaciones entre los planetas y los días de la semana.

Una vez adquirido el papel, debemos purificarlo incensándolo de ambos lados con incienso puro y, si es posible, con agua e incienso consagrados.

Una opción muy recomendada es comprar papeles en los diferentes días de la semana, siguiendo las concordancias de días y planetas. En este caso, podemos purificar el papel de igual manera que con el papel blanco o podemos también incensar el papel con un perfume de quemar preparado para este planeta, imantándolo de este modo de una fuerza planetaria especial[5]. También es posible adquirir papeles del color de cada planeta, siguiendo para esto las relaciones que veremos en este mismo capítulo, al referirnos a las "tintas".

A fin de elevar el tono vibratorio de los papeles, podemos rociarlos con perfumes elaborados a base de tinturas realizadas con plantas propias del planeta.

Los papeles de cada planeta pueden guardarse juntos, en sobres o cajas, pero no deben estar en contacto con los papeles de otros planetas.

Los talismanes de papel pueden prepararse a modo de medallas con papel de buen grosor. Estos se pueden bañar con cera virgen de abejas, para que sean preservados del desgaste y sean más rígidos. Los mismos se aplican, al igual que los de metal, dentro de bolsitas de tela del color del planeta. Se puede también preparar talismanes a base de papel más fino, enrollándolos y atándolos con hilos del color del planeta del talismán y, una vez consagrado, embeberlo, si se desea, en cera de abejas. Al igual que los anteriores, estos también se pueden portar en bolsitas de tela.

---

5   Para los perfumes de los planetas ver Capítulo XII.

Cera de abejas

La cera de abejas, considerada sagrada en la tradición judeocristiana, es uno de los elementos energéticamente más nobles para elaborar talismanes. La cera de abejas es considerada sagrada en la tradición judeocristiana. Con ella se elaboran, desde la Antigüedad, los llamados "Agnus Dei", medallas realizadas con la cera del "cirio pascual" del año que ya ha culminado. Los Agnus Dei se realizan con cera de abejas y una mezcla de "crisma" y "bálsamo" consagrados el jueves santo por los obispos. Existen también medallas de este tipo elaboradas con cera y cenizas tomadas de las reliquias de los santos.

Las imágenes conocidas como "figuras de cera" eran muy utilizadas en la antigua magia terapéutica para sanar a distancia a las personas, aplicando en estas imágenes remedios que operando por simpatía pudieran curar al enfermo.

La cera de abejas es un elemento energéticamente "plástico" lo cual le permite ser un recipiente ideal para todo tipo de energías. Con ella se pueden elaborar tanto talismanes como sellos; para esto, se debe disponer de cera virgen de abejas con la cual realizar medallones sobre los cuales se dibujarán los mismos. Los medallones pueden hacerse volcando la cera caliente en un molde metálico de la medida adecuada. Una vez que esta se ha enfriado se puede retirar. Las piezas pueden grabarse utilizando "punzones" de diferentes grosores, los cuales deben estar debidamente consagrados.

Tanto la elaboración de los medallones como el trazado de los talismanes, deben hacerse en el tiempo astrológico adecuado.

Una de las virtudes del trabajo con cera de abejas es la posibilidad de mezclarla con elementos afines al talismán o el sello a realizar. En el momento en que fundimos la medalla, es posible colocar en la cera tinturas o plantas de los planetas, a fin de que su vibración sea más específica. Así mismo, podemos colorear la cera con el color del planeta.

Al igual que con los otros materiales, los talismanes de cera pueden portarse en bolsitas de tela.

Otros materiales

Los talismanes pueden grabarse sobre piedras y también sobre madera. Tanto las piedras como los árboles de los que se toma la madera, deben corresponder al planeta bajo el cual se realiza el talismán.

Como lo veremos en el capítulo trece, también se inscriben talismanes sobre espadas, copas, tridentes, etc.

Nos queda tan sólo hacer una mención al "pergamino", el cual es básicamente una piel de animal tratada de manera adecuada para poder escribir sobre ella. En la magia tradicional se ha utilizado mucho el "pergamino virgen" extraído de un animal nonato. El pergamino se utiliza en la actualidad en la tradición hebrea, en la elaboración de las Mezuzá, las cuales son rollos de pergamino sobre los que se inscriben determinadas bendiciones y se colocan luego en los dinteles de las casa a fin de protegerlas a estas y a sus habitantes. En el caso de las mezuzá, las mismas deben ser elaboradas en un pergamino tomado de un animal "casher". Dado que el tono vibratorio del pergamino no es necesariamente superior al de otros materiales, el mismo ha caído en desuso en la práctica mágica actual.

Junto a la elección de los materiales correctos, debemos tener presente que la elaboración de talismanes requiere de determinadas herramientas, las cuales deben prepararse de modo especial a fin de poder ser utilizadas. Sobre las herramientas y sus cuidados nos adentraremos en el próximo capítulo.

CAPÍTULO 3

Las herramientas

Si deseamos que los talismanes que vamos a elaborar posean una virtud eficaz, capaz de operar cambios favorables en quienes los porten, debemos tener presente, no solamente sobre qué soporte o material serán realizados; también es necesario tener en cuenta las herramientas con que estos serán elaborados, las cuales deben poseer condiciones especiales. Las herramientas deben ser purificadas y consagradas para su uso en el arte talismánico. Este factor es determinante en lo que hace a la calidad mágico/energética de los mismos talismanes. Dado que un talismán es un objeto "sensible", su vibración, aunque poderosa es "delicada"; por esto, no sólo debemos tener en cuenta la cualidad energética de los elementos sobre los cuales elaboramos un talismán, así sea metal, papel, cera, etc.; sino que también debemos tener presente el cuidado de los útiles y herramientas a utilizar.

Todos los instrumentos que se aplican en la elaboración de talismanes deben ser debidamente purificados y consagrados antes de su utilización. Luego de esto, deben ser guardados de un modo especial a fin de evitar que se contaminen energéticamente y pierdan sus virtudes.

Las tintas

Los talismanes que se confeccionan sobre papel, se pueden trazar con tintas o lápices indistintamente, siendo la tinta lo más adecuado ya que podemos en ella agregar elementos que eleven su vibración.

Se puede disponer de una tinta negra, consagrada, sin ninguna relación planetaria, con la cual trazar talismanes diferentes; pero para elaborar los talismanes de manera más efectiva debemos disponer de una o más tintas para cada planeta, respetando los colores de los mismos.

Las tintas deben consagrarse de manera separada en los tiempos adecuados para cada planeta.

La tinta negra que utilizamos de manera general debe consagrarse, en lo posible, un miércoles.

Las tintas conocidas como "tinta china" o las "tintas de escritura" que se adquieren en los comercios pueden ser utilizadas, vertiendo en ellas, en lo posible, unas gotas de "agua consagrada" antes de su consagración.

Podemos también elaborar nuestras propias tintas, utilizando para esto anilinas disueltas en agua común o en agua consagrada[6]. La diferencia con las tintas comerciales radica, en principio, en que las tintas elaboradas por nosotros pueden ser realizadas en los tiempos astrológicos adecuados, lo cual aumenta en buena medida la virtud energética de las mismas.

También es posible realizar tintas mágicas de muy alta calidad por medio de tinturas vegetales siguiendo las correspondencias de los colores, las plantas y los planetas.

Tinta mágica

La utilización de tintas para escribir es muy antigua, siendo su invención atribuida a los chinos. En el siglo I, Plinio el viejo, en

---

6   Para todas las obras mágicas aconsejamos utilizar agua de calidad, sea de una fuente o de un río o de napa.

su *Historia natural,* indica la manera de preparar tinta utilizando una base de hollín y goma arábiga.

El mago C. Agrippa enseña a elaborar tinta mágica por medio de "negro de humo" con *"humo de cirio consagrado o incienso y agua consagrada".* La virtud energética de esta tinta es muy elevada, dado que la misma se elabora con elementos que han sido previamente consagrados.

Para elaborar tinta mágica de este tipo, debemos juntar sobre un recipiente adecuado, como puede ser una cuchara, el hollín que se desprende de la llama de un cirio previamente consagrado, colocando la cuchara sobre la llama sin que esta se apague. Ese hollín se despega suavemente con un cuchillo o un elemento similar y se lo deposita sobre un plato. Una vez que se ha logrado juntar una cierta cantidad de hollín se agregan unas gotas de agua consagrada que, delicadamente, se irán mezclando con este hasta obtener una consistencia adecuada para la escritura.

Este procedimiento que realizamos con el hollín de un cirio, puede realizarse igualmente con el hollín que recogemos de la quema de incienso consagrado. Al igual que con la tinta negra, recomendamos que la elaboración y consagración de esta tinta sean realizadas un día miércoles.

Las plumas

Para poder trazar los talismanes con tinta, se pueden utilizar plumas metálicas de diversos grosores. Los "plumines" que se adquieren en las casas de escritura son adecuados para esto. También es posible realizar nuestra propia pluma de escritura, cortando de manera adecuada la punta de la pluma de un ave; en este caso, la misma desde ser elaborada y consagrada un día miércoles.

Para elaborar talismanes con un solo color es de mucha utilidad disponer de una lapicera pluma con émbolo, en el cual colocamos la tinta consagrada que vamos a utilizar.

Por más que en muchos textos antiguos los talismanes eran hechos utilizando sangre de animales a manera de tinta, no dejaremos de recordar, como ya lo hemos hecho en nuestro *Manual de alta magia*, que la sangre debe estar excluida de toda labor mágica. Las consecuencias negativas del uso de sangre en los rituales mágicos son muy grandes, así como lo son también los riesgos energéticos y espirituales de quien opera mágicamente con ella. Es la opinión de Papus, en lo que hace a la utilización de la sangre en la práctica mágica que *"estos procedimientos son sucios, tanto en el plano físico como en los demás planos y desde luego son mucho menos eficaces que las plegarias y los nombres místicos"*.

Lápices de colores

La utilización de lápices de colores en la elaboración de talismanes está avalada por el mismo Papus, quien dice al respecto:

"La diferencia que existe entre el mago y el brujo, estriba en que en tanto que el segundo sigue ciegamente las instrucciones de los grimorios, el primero adapta estas enseñanzas a las condiciones de su época... Relativo de los talismanes, detallamos la adaptación de la tinta y de las plumas de ganso y su cambio por lápices de colores".

Los lápices que serán utilizados en la elaboración de talismanes deben ser, en lo posible, nuevos. Igualmente, antes de consagrarlos se les debe "sacar punta" con un sacapuntas o cortaplumas consagrado el día de Marte. Papus se refiere a los lápices de este modo: *"Se adquirirán, lo primero, siete lápices de colores correspondientes a los planetas. Cada uno de estos lápices estará consagrado separadamente en el día a propósito. Para servirse de ellos, acto seguido se sacará la punta con el cuchillo pequeño o con el cortaplumas especial"*.

Si los lápices que utilizaremos no fueran nuevos, alcanza con sacarle punta a cada uno de ellos y reservarlos en la caja donde se guardan todos los elementos de elaboración, a la cual llamamos genéricamente "caja de tintas".

Tanto en el caso de los lápices nuevos como aquellos que no lo son, deben ser purificados uno por uno asperjando sobre ellos agua consagrada e incensándolos con incienso puro.

Al igual que ocurre con las tintas, podemos disponer de más de un lápiz por planeta, respetando los diferentes colores del mismo. Podemos así mismo consagrar un lápiz negro para la elaboración de los talismanes si no disponemos de los lápices propios de cada planeta, o para la de los talismanes en general.

Los colores de los planetas

Vemos más abajo una clasificación de los colores en sus relaciones con los planetas. Estas relaciones se aplican indistintamente a las tintas, los lápices o cualquier otro elemento que podamos utilizar en la elaboración de talismanes.

La tradición mágica adjudica diferentes colores a los planetas pudiéndose utilizar en un talismán más de un color por cada uno de ellos.

Los colores más aplicados al septenario planetario son los siguientes:

Saturno: Marrón, morado, negro.
Júpiter: Azul.
Marte: Rojo, bordó, carmín.
Sol: Dorado, amarillo, naranja.
Venus: Verde, rosado.
Mercurio: Multicolor, iridiscente.
Luna: Plateado, blanco, celeste, verde agua.

En el caso del planeta Mercurio, podemos consagrar tintas y lápices de diferentes colores y utilizarlos de manera alternada en un mismo talismán o utilizar el que nos resulte más apropiado.

Como bien lo explicita el cabalista Arnau de Vilanova en su "Discurso sobre el nombre de Dios", más allá de la relación de los colores con los planetas, en la antigüedad la aplicación de tintas de diversos colores en la escritura de códices y textos sagrados se relacionaba con el sentido espiritual del mismo texto. Es notorio el uso del color negro en los textos en los que se refieren a la tiniebla y la ignorancia, así como el uso del color rojo en los títulos de los libros que refieren al Cristo quien, por mérito de la pasión del Señor, como sólo es capaz de hacer el león de la Tribu de Judá, que vence por medio de la pasión, efundiendo un licor rojo para escribir, capaz de abrir los sellos del libro cerrado.

Plumas

Las plumas que utilizamos para trazar los talismanes se consagran todas el día miércoles, día de Mercurio, tratando que sea dentro de la fase de la Luna nueva o esperando que el planeta Mercurio se halle en una buena posición celeste aplicando sobre ellas la "plegaria de consagración de las herramientas".

Regla, escuadra y compás

Dice Pappus que se debe disponer de *"un compás comprado en el día del Sol y una regla graduada que se adquiere bajo las influencias lunares. Estas serán lo más útil para el trazado de los talismanes. Estos objetos han de ser consagrados y envueltos, el uno en trozo de seda amarilla, y la otra en un pedazo de seda blanca, y ni el uno ni la otra se emplearán para otros usos."*

Como bien podemos notar en este texto, el compás es una herramienta solar y la regla, al igual que la escuadra, lunar[7]. El compás debe por lo tanto ser consagrado un domingo, y la escuadra y la regla, un lunes. Para todos ellos utilizaremos la "plegaria de consagración de las herramientas".

---

7   Compás y escuadra son los dos símbolos más propios de la tradición masónica en los cuales se manifiesta la presencia de lo solar y lo lunar, lo masculino y lo femenino en sus trabajos.

Cortaplumas, sacapuntas, tijeras y buriles

Tanto el cortaplumas como el sacapuntas y las tijeras, luego de su debida purificación, se consagran bajo los auspicios del planeta Marte y sus correspondencias astrológicas. Bajo este mismo planeta se consagran también los "buriles", los cuales son utilizados para grabar los talismanes elaborados sobre metal.

Todos estos elementos pueden ser consagrados con la "plegaria de consagración de las herramientas".

Lápices y tintas

La consagración de ambas es básicamente la misma. En los dos casos es importante determinar los colores y sus correspondencias planetarias, consagrando cada uno, según su color, al ángel planetario que le corresponda.

En el caso de los lápices, recomendamos una vez purificados con agua e inciensos consagrados, sacarles punta con un sacapuntas o un cortaplumas también consagrado.

Con respecto a las tintas, su purificación implica colocar en ellas unas gotas de agua y sal consagradas.

Las siguientes plegarias son adaptaciones de las aplicadas por Pappus para la consagración según él mismo las toma de textos tradicionales.

Plegaria de consagración de lápices y tintas

"Dios grande y poderoso, mira benignamente a tu servidor y dígnate, te lo ruego, bendecir estos lápices (o estas tintas) preparados para honra tuya y por tu gran poder.

"Permíteme consagrar estas tintas a Ti por medio del bendito (nombrar al ángel del planeta para al cual se consagra el talismán) a fin de que puedan ser aplicados dignamente en las obras que le son propias y con el objeto de que no se empleen con éxito en cosa que no fuera beneficiosa a tu Gloria y el bien de tus criaturas. Amén".

En el capítulo XII, encontraremos el modo ritual y las plegarias a utilizar para consagrar las herramientas y todo elemento mágico.

La caja de tintas

El cuidado energético de todos los elementos que utilizamos en la elaboración de talismanes es sumamente importante. Todos ellos deben guardarse en una misma caja de cartón o madera a la que llamamos "caja de tintas".

Todos los elementos y herramientas que están en la caja deben ser previamente purificados y consagrados. La misma caja donde serán guardados debe ser debidamente purificada antes de ser utilizada. Para cuidar su pureza energética, una vez consagrados estos elementos, no deben ser tocados por otra persona que no sea aquel que los ha consagrado y no podrán ser utilizados en otra obra que no sea la elaboración de talismanes.

Las herramientas que van en la caja, tal como hemos podido observar más arriba, son las siguientes:

- Tintas: Como ya lo hemos visto, deben ser de diferentes colores y se deben consagrar cada una de ellas en el tiempo correspondiente al planeta al que estarán dedicadas.
- Lápices: Al igual que las tintas, deben ser adecuados a los colores de los planetas y se deben consagrar en los días adecuados.
- Tijera: se debe disponer de una tijera que solamente sea utilizada para elaborar talismanes. La misma se consagra un día martes.
- Cortaplumas y sacapuntas. Al igual que las tijeras, se consagran un día martes y una vez consagrados no deben ser aplicados en otras obras.
- Plumas para escritura: Las plumas deben ser consagradas un día miércoles. Es ideal poseer plumas de diversos grosores para poder elaborar diferentes trazos.

- Regla y Escuadra. Estos elementos deben ser consagrados un día lunes.
- Compás. Lo ideal es poder disponer de un compás que posea una punta para tinta y otro en el cual poder colocar lápices. Los compases se consagran el día domingo.
- Buriles (para grabar metales o para escribir en cera). Se consagran un día martes.
- Papel secante.

Para realizar un talismán de manera correcta, debemos tener presente no sólo "con qué" se elabora; también es necesario determinar "cuándo". El factor tiempo –ligado a la fuerza y el poder mayor o menor de los astros en momentos determinados– es sumamente importante. Sobre este aspecto trataremos en el siguiente capítulo, dedicado al tiempo sagrado.

CAPÍTULO 4

El tiempo sagrado

El momento adecuado

Los magos de todos los tiempos han enseñado la importancia que posee el observar el momento astrológicamente adecuado en el cual comenzar a realizar una obra con el fin de que la misma sea exitosa. Esta es la opinión de C. Agrippa al respecto.

Habrá que escoger también días y horas para las obras, pues no sin motivo dijo el Salvador: "¿No hay doce horas en la jornada?", etc. En efecto, los astrólogos enseñaron y los magos observaron que los tiempos pueden imponer buen éxito en nuestros negocios. En fin, los más sabios de nuestros antiguos coinciden todos en que importa mucho en qué momento y disposición de los cielos cada cosa tomó su ser en este mundo, no solo a lo natural sino también a lo artificial.

El muy célebre texto de magia "Los admirables y maravillosos secretos de la naturaleza", atribuido a Alberto Magno, indica que es un grave error no conocer los tiempos adecuados para una obra cuando dice que "*hay muchos que se equivocan por no conocer los signos ni el tiempo en que dominan los planetas…*". Es sumamente importante operar siempre en concordancia con el cielo, escogiendo los momentos más propicios para nuestras obras.

Un talismán es un objeto mágico en el que se unen lo celeste y lo terrestre, lo de arriba y lo de abajo. Para que esto ocurra, es necesario respetar el tiempo sagrado, actuando como un agricultor que espera el momento adecuado para sembrar una semilla o cosechar un fruto. En esto, la magia talismánica puede llevar el nombre de "agricultura celeste", denominación que los antiguos dieron a la práctica alquímica.

Nada se debe realizar en la magia sin el consenso del cielo. Por esto, es sumamente necesario adquirir una gran paciencia y saber esperar el momento adecuado para nuestra obra; aquel en el que el "astro de arriba" puede influir de manera beneficiosa en el "astro de abajo"; aquel momento en el cual un planeta puede ejercer su virtud sobre aquello que en nuestro plano le es propio. Como ha dicho el maestro O. Wirth[8]: una obra es buena solamente cuando es oportuna...

Los talismanes deben elaborarse y consagrarse en aquel período de tiempo en el cual las energías planetarias son las más propicias, de este modo, "sumando fuerza a la fuerza", podemos potenciar los signos y caracteres trazados en ellos y sumando a esto la virtud propia del material sobre el cual han sido realizados. Así lo refiere Paracelso en su *Archidoxia mágica: "Los signos, los caracteres y las letras tienen su fuerza y su eficacia. Si la naturaleza y la esencia propia de los metales, la influencia y el poder del Cielo y de los Planetas, la significación y la disposición de los caracteres, signos y letras, se armonizan y concuerdan simultáneamente con la observación de los días, los tiempos y las horas, ¿qué es lo que impediría que un signo o un sello fabricado convenientemente no poseyera su fuerza y su facultad de operar?".*

Existen diversas maneras de considerar el tiempo en su relación con el simbolismo astrológico: por los movimientos de los astros en el cielo y por los tiempos, esto es: los meses, los días y las horas adjudicados a los planetas. Es esta la opinión de C. Agrippa y la de la tradición mágica.

Quienes deseen realizar sus operaciones según la oportunidad del cielo deben observar dos cosas, o de ambas una, a saber: los movimientos de las estrellas o los tiempos. Me refiero a los movimientos,

---

8   O. Wirth. Maestro suizo de gran prestigio en la tradición del hermetismo. Ha diseñado e ilustrado un juego de tarot que lleva su nombre (1860/1943).

cuando están en sus elevaciones, o en sus descensos, esenciales o accidentales; me refiero los tiempos, los días y las horas distribuidos en sus dominaciones.

Podemos entonces utilizar dos criterios diversos para la elección de un momento adecuado: a) el tiempo marcado por los momentos que les están adjudicados a los planetas. b) el tiempo según la posición de los astros en el cielo.

a) El tiempo marcado por los momentos que les están adjudicados a los planetas.

Al elaborar un talismán debemos saber tres cosas fundamentales: "qué", "cómo" y "cuándo" hacerlo. De qué manera y con qué símbolos, en que material y de qué modo debemos elaborarlo y en cuál momento.

Hemos dicho en nuestro *Manual de alta magia*: "*Para el hombre moderno, es muy difícil dimensionar el tiempo bajo la concepción con que lo hacían los antiguos. Para el primero, el tiempo es algo para gastar, es algo para consumir. Para los segundos, es algo para 'experimentar' ya que el tiempo está 'cargado', 'impregnado' de cierta fuerza la cual es distinta en un tiempo y otro... 'La obra es obra del tiempo'. Así resume Paracelso las virtudes del tiempo en la magia y la alquimia*".

Los astros son el reloj del mago. Los astros en su relación con la tierra y en su posición en el cielo, marcan los momentos en los cuales operar. Respetar el momento conveniente es una de las claves del éxito en la práctica del arte talismánico.

El tiempo marcado por los momentos que les están adjudicados a los planetas.

Los magos antiguos adjudicaron a los planetas determinados días de la semana y horas del día en los que la fuerza y la virtud de cada uno de ellos es más poderosa. Estos son los "tiempos" a los que C. Agrippa se refiere más arriba.

Aun desconociendo la posición de los astros en el cielo, podemos elaborar y consagrar nuestros talismanes en el día y la hora del planeta al que está dedicado, logrando de este modo imantar al talismán de la energía planetaria que él mismo va a portar.

Los días de la semana

Cada día de la semana y cada hora de estos días se encuentra en relación con determinadas fuerzas espirituales que es necesario conocer y respetar.

Aun sin disponer de conocimiento astrológico e ignorando los movimientos de los planetas en el cielo, podemos confeccionar con éxito nuestros talismanes respetando los días y las horas adecuadas para cada uno de ellos.

Cada día de la semana posee la regencia de un planeta en particular –llamado "señor del día"– en el cual la energía del planeta y la de los espíritus angélicos que le son propios, se manifiestan con mayor poder y virtud.

A las obras y talismanes del *Sol* les corresponde el día *Domingo*.

A las obras y talismanes de la *Luna* les corresponde el día *Lunes*.

A las obras y talismanes de *Marte* les corresponde el día *Martes*.

A las obras y talismanes de *Mercurio* les corresponde el día *Miércoles*.

A las obras y talismanes de *Júpiter* les corresponde el día *Jueves*.

A las obras y talismanes de *Venus* les corresponde el día *Viernes*.

A las obras y talismanes de *Saturno* les corresponde el día *Sábado*.

Lejos de ser una mera arbitrariedad, la relación de los días y los planetas es muy antigua y ha sido respetada desde tiempos inmemoriales por los magos, quienes los relacionaron con los siete planetas y sus ángeles, tal como lo explicita E. Levy. *"El mundo, a juzgar por lo que creían los antiguos, está gobernado por siete causas secundarias, como las llama Trithemo, son las fuerzas universales designadas por Moisés, por el nombre plural de Elohim, los dioses... Los demás pueblos han atribuido a esos espíritus, el gobierno de los siete planetas principales y les han dado los nombres de sus grandes divinidades. Todos han creído en su influencia relativa y la astronomía les ha repartido el cielo antiguo y les ha atribuido el gobierno de los siete días de la semana".*

La virtud de cada uno de los días del septenario semanal se encuentra potenciada en los siete días del mes que corresponden a la fase de la "luna nueva". Esta fase, que acontece cuando el Sol y la Luna se encuentran en "conjunción", en un mismo sitio en el cielo, es el momento del mes de mayor virtud mágica y es el que debemos intentar utilizar para la elaboración y consagración de talismanes.

Las horas mágicas

Si queremos que nuestros talismanes posean una carga vibracional alta, es importante poder realizarlos y consagrarlos, no solamente el día de la semana propio del planeta al que está dedicado, sino también en la hora del día que es propia de ese mismo planeta. Para esto debemos aplicar el uso de las "horas mágicas". De ellas hemos dicho lo siguiente en nuestro *Manual de alta magia*: "Las horas mágicas son una forma de división del tiempo diario tomada de la astrología, muy utilizada por la magia y la alquimia desde hace siglos, en la cual cada hora está atribuida a un planeta en particular durante la cual este manifiesta mayor fuerza y virtud".

En la tradición mágica, el día posee una división de veinticuatro horas llamadas "horas mágicas" las cuales no tienen relación con las horas de uso civil.

Las horas mágicas son una división del día en la cual hay doce horas diurnas, las que se cuentan desde el amanecer, y doce horas nocturnas que se computan a partir del atardecer.

Según la magia tradicional, cada hora mágica posee un nombre propio.

Las doce horas mágicas diurnas se llaman, siguiendo su orden: Yayn, Janor, Nasnia, Salla, Sadedali, Thamur, Ourer, Thaine, Jayo, Abay, Natalón, Beron.

Las doce nocturnas se llaman asimismo: Barol, Thanu, Athir, Mathon, Rana, Netos, Tafrac, Neron, Sassur, Aglo, Calerna, Salam.

Cada hora mágica está ligada a un planeta y su ángel, siendo en esa hora más fuerte y clara su influencia.

La primera hora del día le pertenece siempre al planeta regente de ese mismo día, el cual es llamado "señor del día".

Los planetas se van sucediendo de uno en uno en el orden tradicional: Saturno, Júpiter, Marte, Sol, Venus, Mercurio y Luna. Así es que en cada día vamos a encontrar varias horas mágicas en las cuales el regente es el "señor del día"[9].

Las mismas son: la primera (Yayn), la octava (Thaine), la decimoquinta (Athir) y la vigesimosegunda (Aglo). Estas cuatro son las horas más fuertes del día, asimismo, de las cuatro, la primera es siempre la más fuerte, razón por la cual es la que debemos privilegiar para realizar nuestras labores mágicas.

Así que otra regla de la magia práctica es aquella que indica que *en la primera hora del amanecer de cada día (Yayn), los espíritus ligados al señor del día y sus obras se encuentran más fuertes y poderosos*[10]. Siendo el día domingo el día más luminoso de la semana, es su amanecer el que más virtudes mágicas posee.

Esta es la razón por la cual el amanecer es llamado "aurora" u "hora de la luz". Como decían los antiguos: el amanecer lleva oro en la boca. En este momento del día, toda actividad espiritual ligada a Dios y a la luz se ve favorecida, razón por la cual se suelen comenzar o realizar al amanecer los rituales importantes. Es en el amanecer que se comienzan las obras de alquimia y se cortan las hierbas que van a utilizarse en los preparados ya que en este momento del día la fuerza vital de las plantas se encuentra exaltada. Todo esto nos lleva a recomendar que los ritos sean siempre comenzados en la primera hora del día del planeta correspondiente al ángel a invocar o la obra a realizar.

---

9   El sistema de las "horas mágicas" es un sistema cerrado. Cada día comienza con el planeta regente del día llamado "señor del día". Al sucederse los planetas de manera continua el planeta regente rige la primera, la octava, la decimoquinta y la veintidosava. De las 168 horas que posee la semana cada planeta rige por lo tanto 24 de ellas durante la semana. Esto se realiza en un circuito sin fin en el cual nunca se repiten ni se altera el orden.

10 En este momento, el Sol se encuentra, astrológicamente, en el Ascendente, lo cual es para la astrología un signo de fuerza.

Cálculo de las horas mágicas

Las horas mágicas se pueden medir como "horas fijas o artificiales" o como "horas móviles". Las horas fijas son aquellas según las cuales cada hora dura sesenta minutos. Con este sistema, si –por ejemplo– la primera hora mágica del día comienza a las 7:35 h, la siguiente comenzará a las 8:35 h.

La magia antigua utilizaba el sistema de "horas móviles" el cual es más efectivo y recomendable. Este sistema requiere de un cálculo con el cual se obtiene un tiempo de duración de las horas diurnas y nocturnas el cual no es siempre igual ya que dependiendo del momento del año, las diurnas y las nocturnas pueden variar en duración.

Para poder calcular correctamente las horas móviles, se debe conocer con exactitud el momento en el cual amanece y atardece en el lugar en que nos encontramos al realizar la obra. Sabido esto, se divide la cantidad de minutos que se encuentran entre el amanecer y el atardecer y se los divide por doce. De este modo obtendremos un valor que indica la duración de las horas diurnas. Lo mismo se realiza para las horas nocturnas computando y dividiendo los minutos que van desde el atardecer al amanecer. De este modo, dado que en verano el día es más largo y las noches más cortas, obtendremos horas diurnas cuya duración supera los sesenta minutos y horas nocturnas cuya duración es inferior. En el caso de los equinoccios (aquel momento del año en que el día dura igual que la noche) las horas diurnas y nocturnas poseen la misma cantidad de minutos.

Este modo de medir las horas mágicas puede ser llamado de "horas iguales" ya que la duración de las horas es invariable. Las doce horas del día duran lo mismo entre sí, así como las nocturnas.

Existe otra forma de cálculo según la cual las horas diurnas o nocturnas no poseen necesariamente la misma duración entre sí. Este sistema que puede ser llamado de "horas desiguales" está regido por los grados del zodíaco y su ascenso en el ascendente. Según este sistema, cada hora mágica dura lo que tardan en ascender quince grados en el ascendente. Este sistema requiere de mayor conocimiento de la ciencia astrológica y es –según Agrippa– el que se debe intentar seguir.

		Domingo	Lunes	Martes	Miércoles	Jueves	Viernes	Sábado
1	Yayn	Sol	Luna	Marte	Mercurio	Júpiter	Venus	Saturno
2	Janor	Venus	Saturno	Sol	Júpiter	Marte	Mercurio	Júpiter
3	Nasnia	Mercurio	Júpiter	Venus	Saturno	Sol	Luna	Marte
4	Salla	Luna	Marte	Mercurio	Júpiter	Venus	Saturno	Sol
5	Sadedali	Saturno	Sol	Luna	Marte	Mercurio	Júpiter	Venus
6	Thamur	Júpiter	Venus	Saturno	Sol	Luna	Marte	Mercurio
7	Ourer	Marte	Mercurio	Júpiter	Venus	Saturno	Sol	Luna
8	Thaine	Sol	Luna	Marte	Mercurio	Júpiter	Venus	Saturno
9	Jayo	Venus	Saturno	Sol	Luna	Marte	Mercurio	Júpiter
10	Abay	Mercurio	Júpiter	Venus	Saturno	Sol	Luna	Marte
11	Natalón	Luna	Marte	Mercurio	Júpiter	Venus	Saturno	Sol
12	Beron	Saturno	Sol	Luna	Marte	Mercurio	Júpiter	Sol
13	Barol	Júpiter	Venus	Saturno	Sol	Luna	Marte	Mercurio
14	Thanu	Marte	Mercurio	Júpiter	Venus	Saturno	Sol	Luna
15	Athir	Sol	Luna	Marte	Mercurio	Júpiter	Venus	Saturno
16	Mathon	Venus	Saturno	Sol	Luna	Marte	Mercurio	Júpiter
17	Rana	Mercurio	Júpiter	Venus	Saturno	Sol	Luna	Marte
18	Netos	Luna	Marte	Mercurio	Júpiter	Venus	Saturno	Sol
19	Tafrac	Saturno	Sol	Luna	Marte	Mercurio	Júpiter	Venus
20	Neron	Júpiter	Venus	Saturno	Sol	Luna	Marte	Mercurio
21	Sassur	Marte	Mercurio	Júpiter	Venus	Saturno	Sol	Luna
22	Aglo	Sol	Luna	Marte	Mercurio	Júpiter	Venus	Saturno
23	Calerna	Venus	Saturno	Sol	Luna	Marte	Mercurio	Júpiter
24	Salam	Mercurio	Júpiter	Venus	Saturno	Sol	Luna	Marte

La elaboración y consagración de un talismán debe realizarse, en lo posible, en la hora llamada *"Yayn"*, que es la primera hora del amanecer. Así es que a un talismán del Sol, es aconsejable realizarlo y consagrarlo en el amanecer del Domingo, a uno de la Luna en el amanecer del Lunes, etc.

Aunque con una fuerza mágica menor, en caso de no poder trabajar en esta primera hora, se puede también hacerlo en las otras horas del día correspondientes al planeta que son las que se llaman *"Thaine"*, *"Athir"* y *"Aglo"*.

Junto a la observación del día y la hora adecuados, es necesario como hemos dicho más arriba, respetar la fase de luna nueva –que es aquel momento astrológico en el cual la Luna está en el cielo junto al Sol– pues como bien lo enseña C. Agrippa: *nada se logrará sin la Luna favorable*.

b) El tiempo según la posición de los astros en el cielo

Las cosas terrestres reciben las virtudes de las celestes como si estas las "fecundaran". Lo terrestre debe impregnarse de lo celeste. Para que esto ocurra, es necesario que el objeto terrestre sea el adecuado y que el tiempo sea el correcto.

En el momento en el que un planeta se encuentra en condiciones de ejercer de manera más poderosa su virtud y su influencia, debemos permitir que aquello que está bajo la influencia de este mismo planeta, se abra, que reciba esta virtud, y que se deje fecundar por esta energía. Para que un objeto mágico como un talismán pueda recibir y contener esta energía celeste, el mismo debe estar en concordancia con el planeta, siendo elaborado con los materiales propios del planeta y portando los signos que le corresponden a este. Así se cumple el encuentro entre lo de arriba y lo de abajo, como lo indica la Tabla de esmeralda, para que ambos, el talismán y el astro, energéticamente sean uno.

Lo natural, cuando se encuentra unido a lo celeste, realiza cosas maravillosas.

Volvemos aquí a citar a C. Agrippa quien nos indica con claridad cómo es que se ejerce este encuentro entre lo celeste y lo terrestre.

Toda virtud natural realiza en verdad cosas muy maravillosas cuando está compuesta no sólo por una proporción física sino también cuando está animada y acompañada por la Observación de las cosas Celestes, escogidas y adecuadas para este efecto (es decir, cuando se hace ver que la virtud de las cosas celestes es la más fuerte para el efecto que anhelamos, y que también es ayudada por muchas cosas celestes) sometiendo totalmente las cosas inferiores a las celestes, como las hembras apropiadas para los machos, a fin de ser fecundadas.

Quien quiera profundizar en la ciencia y el arte talismánico debe profundizar en el conocimiento astrológico. En especial, es importante conocer las reglas de la "astrología electiva". Esta rama del saber astrológico es la que nos permite "elegir" un momento adecuado en el cual realizar una obra a fin de que esta reciba las influencias astrales que le sean favorables.

Para que nuestros talismanes posean una virtud energético/espiritual eficaz, debemos poder discernir los momentos en los cuales, según sus "dignidades", los planetas se encuentran en el cielo en las condiciones apropiadas para la elaboración y consagración de los mismos.

Debemos por lo tanto, para elaborar y consagrar nuestros talismanes, esperar los momentos en los cuales los planetas se ubiquen en el cielo en los lugares y bajo las condiciones en las que su fuerza se vea acrecentada y debemos evitar aquellos lugares y aquellas condiciones celestes bajo las cuales su fuerza sea pobre o se encuentre dañada.

Los momentos astrológicamente propicios para la elaboración y consagración de talismanes

En su segundo libro de la "filosofía oculta", C. Agrippa dice: *"todas las veces que se desee realizar lo que respecta a un planeta, es necesario ubicarlo en sus dignidades, afortunado y potente, y dominante en el día, la hora y la figura del cielo…".*

Todos los talismanes deben ser indefectiblemente elaborados y consagrados en los momentos astrológicos que sean favorables al planeta o al ángel al que están dedicados. Los siete planetas tradicionales poseen las regencias de los doce signos astrológicos. Todos los planetas poseen la regencia de dos signos, salvo el Sol y la Luna, que rigen un solo signo cada uno.

Los planetas son potentes en el cielo cuando están ubicados en los signos que "rigen" y en aquellos en los que están "exaltados".

Cuando un planeta se encuentra en los signos que rige, es cuando su fuerza y su virtud se encuentra más plena y es, por lo tanto, el momento que debemos elegir para operar con él. A estos momentos, les siguen en fuerza aquellos en los cuales los planetas se encuentran en los signos de "exaltación" en los cuales su virtud es un poco menor que la obtenida en los signos de regencia, pero es igualmente positiva.

Cuando los planetas están ubicados en aquellos signos en los cuales se encuentran en "exilio" y "caída" (que son los signos contrarios a aquellos en los cuales están en regencia y exaltación) su virtud y su fuerza se ven debilitadas, razón por la cual no debemos operar con ellos en esas circunstancias.

Dignidades de los planetas

Planeta	Regencia	Exaltación	Exilio	Caída
Saturno	Capricornio y Acuario	Libra	Cáncer y Leo	Aries
Júpiter	Sagitario y Piscis	Cáncer	Géminis y Virgo	Capricornio
Marte	Aries y Escorpio	Capricornio	Tauro y Libra	Cáncer
Sol	Leo	Aries	Acuario	Libra
Venus	Tauro y Libra	Piscis	Aries y Escorpio	Virgo
Mercurio	Géminis y Virgo	Acuario	Sagitario y Piscis	Leo
Luna	Cáncer	Tauro	Capricornio	Escorpio

Junto a esto, es bueno tener en cuenta que todo planeta es fuerte cuando se encuentra en los "ángulos del cielo", en especial si está ubicado en el Ascendente o el Mediocielo y cuando se encuentran en las casas astrológicas que rigen.

Los planetas rigen también los treinta y seis decanatos del cielo, los cuales son divisiones del zodiaco de diez grados cada una. Se puede operar de manera favorable, cuando los planetas se encuentran en aquellos decanatos que rigen.

Los decanatos

Signo	Decanatos y sus regencias	Signo	Decanatos y sus regencias
Aries	0 a 9. Marte 10 a 19. Sol 20 a 29. Venus	Libra	0 a 9. Luna 10 a 19. Saturno 20 a 29. Júpiter
Tauro	0 a 9. Mercurio 10 a 19. Luna 20 a 29. Saturno	Escorpio	0 a 9. Marte 10 a 19. Sol 20 a 29. Venus
Géminis	0 a 9. Júpiter 10 a 19. Marte 20 a 29. Sol	Sagitario	0 a 9. Mercurio 10 a 19. Luna 20 a 29. Saturno
Cáncer	0 a 9. Venus 10 a 19. Mercurio 20 a 29 Luna	Capricornio	0 a 9. Júpiter 10 a 19. Marte 20 a 29 Sol
Leo	0 a 9. Saturno 10 a 19. Júpiter 20 a 29. Marte	Acuario	0 a 9. Venus 10 a 19. Mercurio 20 a 29. Luna
Virgo	0 a 9. Sol 10 a 19. Venus 20 a 29. Mercurio	Piscis	0 a 9. Saturno 10 a 19. Júpiter 0 a 29. Marte

Otra dignidad planetaria es conocida como "términos".

Los términos son divisiones de los signos en cinco porciones desiguales regidas cada una de ellas por un planeta, exceptuando al Sol y la Luna. Cuando un planeta se encuentra en alguno de sus términos adquiere una importante fuerza, aunque no tan potente como en el caso de la regencia, la exaltación o el decanato.

La siguiente tabla nos indica los grados de los términos en los signos y sus adjudicaciones planetarias según la versión de Claudio Ptolomeo.

Los términos

Signo					
Aries	Júpiter. 0 a 5	Venus. 6 a 13	Mercurio. 14 a 20	Marte. 21 a 25	Saturno. 26 a 29
Tauro	Venus. 0 a 7	Mercurio. 8 a 14	Júpiter. 15 a 21	Saturno. 22 a 25	Marte. 26 a 29
Géminis	Mercurio. 0 a 6	Júpiter. 7 a 13	Venus. 14 a 20	Saturno. 21 a 24	Marte. 25 a 29
Cáncer	Marte. 0 a 5	Júpiter. 6 a 12	Mercurio. 13 a 19	Venus. 20 a 26	Saturno. 27 a 29
Leo	Saturno. 0 a 5	Mercurio. 6 a 12	Venus. 13 a 18	Júpiter. 19 a 24	Marte. 25 a 29
Virgo	Mercurio. 0 a 6	Venus. 7 a 12	Júpiter. 13 a 17	Saturno. 18 a 23	Marte. 24 a 29
Libra	Saturno. 0 a 5	Venus. 6 a 10	Júpiter. 11 a 18	Mercurio. 19 a 23	Marte. 24 a 29
Escorpio	Marte. 0 a 5	Júpiter. 6 a 13	Venus. 14 a 20	Mercurio. 21 a 26	Saturno. 27 a 29
Sagitario	Júpiter. 0 a 7	Venus. 8 a 13	Mercurio. 14 a 18	Saturno. 19 a 24	Marte. 25 a 29
Capricornio	Venus. 0 a 5	Mercurio. 6 a 11	Júpiter. 12 a 18	Marte. 19 a 24	Saturno. 25 a 29
Acuario	Saturno. 0 a 5	Mercurio. 6 a 11	Venus. 12 a 19	Júpiter. 20 a 24	Marte. 25 a 29
Piscis	Venus. 0 a 7	Júpiter. 8 a 13	Mercurio. 14 a 19	Marte. 20 a 25	Saturno. 26 a 29

Es importante recordar que los grados de los signos están divididos en treinta grados que van del 0 al 29 con sus respectivos minutos y segundos. Así es que el primer "término" de Aries –por ejemplo– va desde el grado 0 de Aries al grado 5, 59′, 59″, del mismo signo.

Los planetas son también potentes cuando se encuentran en su triplicidad.

Los planetas están en su "triplicidad" cuando se encuentran en los siguientes signos según lo indica esta tabla.

Las Triplicidades

Triplicidad	Regente diurno	Regente nocturno	Regente participante
Fuego Aries. Leo. Sagitario	Sol	Júpiter	Saturno
Tierra Tauro. Virgo. Capricornio	Venus	Luna	Marte
Aire Géminis. Libra. Acuario	Saturno	Mercurio	Júpiter
Agua Cáncer. Escorpio. Piscis	Venus	Marte	Luna

Cuando alguno de los tres planetas de la tabla se encuentra en un signo de su triplicidad adquiere una dignidad y una fuerza considerables aunque inferior a la que posee cuando está en regencia, en exaltación o en uno de sus decanatos.

Las triplicidades se dividen en diurnas y nocturnas; estas rigen por lo tanto desde el momento en que el Sol asoma por el Ascendente hasta que se oculta en el Descendente (Diurnas) o desde que el Sol atraviesa el Descendente hasta que sube y llega al Ascendente. (Nocturnas)

Aunque los tres regentes de una triplicidad siempre poseen un cierto poder al estar en un signo afín, se considera que durante el día el regente diurno es más potente así como el nocturno lo es durante la noche. El regente participante posee la misma virtud en el día como durante la noche.

Las estrellas fijas

Antes de finalizar estos comentarios relacionados con las dignidades planetarias querría recalcar el valor mágico de las llamadas "estrellas fijas", en especial en la elaboración y consagración de talismanes.

Dice C. Agrippa: Debe saberse que todas las estrellas fijas tienen el significado y la naturaleza de los siete planetas; algunas pertenecen a la naturaleza de un planeta y otra de dos. Por ello cuantas veces un planeta se halle junto a una de las estrellas fijas de su naturaleza, el significado de esta estrella se tornará más fuerte y la naturaleza del planeta más potente…

Elaborar y consagrar un talismán cuando un planeta se encuentra en conjunción con una estrella fija que es de su misma naturaleza es sumamente eficaz. Un talismán trazado en ese tiempo se torna más potente que con cualquier otra posición astral.

Te recomiendo, estimado lector, profundizar en el trabajo mágico y talismánico aplicando la virtud de las estrellas fijas, las cuales dada su complejidad no podemos abordar plenamente en este libro.

Los "aspectos" astrológicos.

Más allá de donde se encuentre en el cielo un planeta, es importante tener en cuenta que no se debe operar con ninguno de ellos cuando está "retrogradando", ya que su energía se torna nociva

Aunque es un tema que supera nuestra obra, es bueno saber que también es posible realizar y consagrar –con inmensa virtud mágica– talismanes planetarios, cuando los planetas están en conjunción con las estrellas fijas que le están sujetas.

En todos los casos, se debe evitar que el planeta sobre el que deseamos trabajar se encuentre aspectado por los planetas conocidos como "maléficos": Saturno y Marte, por medio de los aspectos astrológicos llamados "inarmónicos", esto es: "cuadratura" u "oposición"; de ser así, durante el tiempo que dure esta condición astrológica, no podremos operar con él[11].

Si se logra que el planeta significador de la obra, el regente del talismán a preparar, reciba buenos aspectos de otros planetas, en especial de la Luna y Mercurio, su efectividad se verá

---

11 La "oposición" es aquel aspecto en el cual un planeta se encuentra enfrentado a otro en un ángulo de 180 grados del zodiaco. En la "cuadratura" los planetas se relacionan entre ellos en un ángulo de 90 grados.

enriquecida. Esta es la regla enseñada por C. Agrippa cuando dice que en una obra mágica *"no sólo se prestará atención al hecho de que el significador de la obra se encuentre potente, sino también se observará que la Luna esté ajustadamente dirigida hacia este significador, pues nada se logrará sin la luna favorable... Creo incluso que no debe descuidarse Mercurio en toda práctica mágica puesto que es el mensajero de los dioses de arriba y de abajo; cuando concurre con los buenos, aumenta la bondad, y cuando lo hace con los malos, influye sobre su maldad".*

Los buenos aspectos astrológicos son aquellos conocidos como "armónicos": la "conjunción", el "trígono" y el "sextil"[12].

En todo esto, seguimos también la enseñanza de C, Agrippa.

Decimos que un signo o un planeta es infortunado por el aspecto de Saturno o Marte, principalmente si está opuesto o en cuadratura; puesto que estos aspectos son de enemistad; pero su conjunción y su aspecto trino y sextil son de amistad. Entre estos aspectos el más fuerte es la conjunción...

Es aconsejable observar siempre que la Luna no se encuentre mal aspectada por Saturno o Marte, sea ella o no el planeta regente del talismán a elaborar, pues como ya hemos dicho: *nada se logra sin la Luna favorable...*[13].

Un talismán puede ser elaborado y consagrado en un mismo momento.

Una vez comenzado el trabajo de elaboración, se puede pasar a consagrar la pieza trabajada, siempre y cuando exista una continuación temporal, ya que lo más importante, en términos astrológicos, es la elección del momento en el cual se da inicio a la obra. Si por alguna razón, el trabajo se viera interrumpido, es necesario volver a encontrar un momento astrológicamente propicio para continuar el trabajo sobre el talismán o para consagrarlo.

---

12 La "conjunción" es aquel aspecto en el cual dos astros se encuentran en un mismo lugar del cielo, el "trígono" es aquel en el cual un planeta se relaciona con otro en un ángulo de 120 grados del zodiaco; el "sextil", de 60.

13 Si podemos junto a todo esto verificar que el planeta sobre cual deseamos trabajar, se encuentre en lo posible ubicado en la "casa astrológica" relacionada con la obra sobre la que se desea que el talismán opere, amplificamos notablemente su fuerza mágica.

El momento ideal es aquel en el cual unimos a la ubicación favorable de un planeta en el cielo, el día y la hora que le están asignados.

En la práctica, es aconsejable llevar una agenda mágica, en la cual se apuntan los momentos favorables de cada planeta a fin de poder disponer de ellos.

Cuando un talismán es consagrado para una persona en particular, es sumamente efectivo y recomendable consagrar la pieza –que ha sido previamente elaborada en el momento preciso– observando los tránsitos planetarios de la persona para quien se lo consagra, buscando que el planeta regente del talismán aspecte en conjunción, trígono o sextil al mismo planeta en su mapa natal y evitando los aspectos negativos de Saturno y Marte.

Según lo enseña Papus, si se debe realizar una obra o un talismán con determinada urgencia, se puede utilizar a la Luna en reemplazo de cualquier otro planeta, siempre y cuando el mismo no se encuentre en mala posición celeste o esté mal aspectado por los planetas maléficos. Para esto, la Luna debe estar en los signos propios del planeta al cual se desea reemplazar.

Como se puede observar, estimado lector, el estudio de los factores astrológicos que influyen en la elaboración de talismanes superan las dimensiones de esta obra y requieren un estudio especial. Asimismo, si no disponemos del conocimiento astrológico necesario para lograr determinar la posición de los astros en el cielo, podemos elaborar con mucho éxito nuestros talismanes, en la fase de luna nueva, respetando el día y la hora del planeta con el cual deseamos trabajar.

Los tiempos sagrados

Más allá de los tiempos marcados por la posición de los astros en el cielo o de los días y horas que le están asignados, existen determinados momentos del año y ciertos días que poseen una virtud espiritual superior. Me refiero aquí a los momentos y los días del año espiritual y energéticamente más poderosos, aquellos que han sido instaurados como "fiestas sagradas". Es C. Agrippa quien nuevamente nos instruye al respecto cuando dice:

"Los magos ordenan observar estos días como sagrados y religiosos, igual que los días de los planetas y las disposiciones celestes; dicen también que son muy eficaces para adquirir virtudes espirituales y divinas, porque su potente influjo no desciende tantos de los elementos y los cuerpos celestes cuanto del mundo inteligible y superceleste, y ayudada por los comunes sufragios de los dioses, no quebrantada por disposición contraria alguna de los cuerpos celestes, ni menguada por el contagio corruptible de los elementos, siempre que se tenga fe firme...".

Los tiempos y los días correspondientes a las fiestas sagradas, son los que poseen una fuerza y una Luz superior por sobre todos los otros. Estos tiempos y estos días están separados del tiempo "profano", son tiempos "sagrados" en los cuales lo que acontece en ellos es diferente. En los días sagrados lo que acontece es de un orden distinto, más elevado, más diáfano y luminoso que en los demás días o tiempos del año. Estos momentos especiales, aun estando en relación y aun siendo indicados y marcados por los astros del cielo, no están supeditados a ellos. Los días sagrados son días en los cuales se unen el cielo y la tierra, son puertas, "portales" que debemos utilizar a fin de hacer descender la Luz hacia nosotros. En estos días, los seres de Luz brillan más fuertemente y su acción sobre nosotros es más efectiva. Pero, así como es posible que un hermoso día de sol sea ignorado por una persona que se encuentra encerrada en un cuarto a oscuras, de igual modo, es posible que la energía espiritual de estos días pase, discurra, sin que nosotros tomemos de ella algún provecho. Para poder abrevar de esta fuerza y esta luz es necesario, como bien lo indica C. Agrippa más arriba, *"que se tenga fe firme..."*. En estos tiempos especiales, debemos salir del encierro interior y mirar hacia el cielo, hacia Dios, hacia lo alto, a fin de poder disponernos de manera adecuada para recibir la Luz espiritual que, como el rocío de la mañana, desciende sobre todas las criaturas para fecundarlas.

Todas las fiestas sagradas están marcadas por el gran reloj cósmico que es el cielo, todas ellas son señaladas por los astros. Los solsticios y los equinoccios; la unión o la separación del Sol y la Luna en la creación de las cuatro fases lunares; el paso de estos dos grandes astros por los signos nos dan la indicación precisa de los momentos sagrados del año. Estos tiempos y estos días en que se celebran las fiestas sagradas, lejos de ser meras arbitrariedades, se encuentran indicadas en la escritura con pautas sumamente precisas. En el antiguo testamento, es Yahveh quien señala estos tiempos y da al hombre el modo de calcularlos. Así lo vemos en la instauración de la Pascua en el decimocuarto día posterior a la luna nueva de Aries tal como se encuentra en Levítico 23. 4 y 5: *"Estas son las fiestas señaladas por el Señor, santas convocaciones que vosotros proclamaréis en las fechas señaladas para ellas: En el mes primero[14], el día catorce del mes, al anochecer, es la Pascua del Señor"*. De igual modo, la Pascua cristiana, asociada a la Pascua judía, se celebra, indefectiblemente, primer domingo posterior al día decimocuarto de la luna nueva de Aries. Para la tradición cristiana, el domingo es el día más sagrado del septenario semanal ya que es en este día, según los Evangelios, el día en el que Cristo resucitó de entre los muertos. Todas las fiestas sagradas "móviles" –aquellas que en el calendario pueden caer en distintos días del año– están marcadas por este Domingo. Por otro lado, nos encontramos con la fiesta fija más trascendente del año que es la Navidad, la cual se celebra invariablemente, más allá de la posición de los astros en el cielo, el 25 de diciembre. Aunque la Navidad es una festividad fija, existen razones astrológicas por las cuales se festeja en ese día. La Navidad se festeja los días en los cuales el Sol se encuentra en los primeros grados de Capricornio, muy cerca del solsticio de invierno en el hemisferio boreal, momento en que comienza el ciclo anual en el cual el día comienza a acrecentarse diariamente hasta llegar al solsticio de Cáncer a partir del cual su luz comienza a decrecer. Siguiendo a Saint-Yves D' Alveydre podemos decir que la Navidad es la primera fiesta

---

14 El mes se considera iniciado en el calendario judío, en el momento de la luna nueva.

sagrada del año y el "día de las almas" o "fieles difuntos", la cual se conmemora el dos de noviembre, es la última. Como ocurre con todas las fiestas sagradas, estas operan transformaciones a escala "cósmica" y "universal". Como dice Saint-Yve "*la Navidad marca la renovación universal. Es el momento en el que el Sol vuelve a ascender sobre la Eclíptica*".

Según la tradición, trece días después del nacimiento de Cristo, la estrella de los magos se posa en el portal de Belén. Este día, el decimotercero después de Navidad, es uno de los días espiritualmente más trascendente del año, día de gran Luz: Epifanía, día los Santos Magos.

En las fiestas sagradas, podemos elaborar y consagrar los sellos sagrados a los cuales les dedicamos un capítulo especial.

Habiendo visto "cuándo" y "con qué" debemos elaborar nuestros talismanes, nos adentraremos en los diversos tipos que existen, comenzando en el siguiente capítulo con los siete talismanes planetarios y sus diferentes versiones.

CAPÍTULO 5

Los talismanes planetarios

El sagrado septenario

Por la trascendencia del septenario planetario en el plano de la persona humana (microcosmos) y en el de la creación toda (macrocosmos), los talismanes más importantes son los que corresponden a los siete planetas.

Los siete planetas son mucho más que meras masas de materia flotando en el cielo. Ellos son de algún modo "los chakras del cielo", los grandes centros de energía por los que se expresa la voluntad de Dios en este mundo y en nosotros.

Los siete planetas son la expresión celeste del sagrado septenario. Como dice E. Levy *"la virtud del septenario es absoluta en magia, porque el número es decisivo en todas las cosas. Así, todas las religiones le han consagrado en sus ritos. El séptimo año para los judíos era jubilario; el séptimo día está consagrado al reposo y a la oración; existen siete sacramentos, etc."*. Los siete planetas del cielo se encuentran regidos cada uno de ellos por un ángel particular. Estos siete ángeles son aquellos que en el Apocalipsis se encuentran ante la faz de Dios.

Los siete planetas son la expresión celeste de siete energías que se encuentran en toda la creación. En la naturaleza y en la persona humana hay algo de cada uno de ellos. Hay en la naturaleza y en nosotros algo solar, algo lunar, algo mercurial, etc.

Cada talismán planetario es un "imán" que atrae, retiene y expande energía de un planeta, cuyo fin es dinamizar y amplificar la energía y la fuerza de ese planeta en nosotros, ordenando, aumentando en nosotros lo solar, lo lunar, lo mercurial, etc.

Portar un talismán planetario es portar en un objeto la energía de un planeta determinado, a fin de que esta genere un influjo en nosotros sobre aquello que en nosotros es propio de ese planeta. Para que un talismán pueda ser portador de las virtudes de un planeta, el mismo debe ser elaborado con los elementos y los signos propios de ese planeta y el mismo debe ser elaborado y consagrado en los momentos astrológicos que le son propicios.

He dicho ya en el *Manual de alta magia* que cada mago debe confeccionar, en lo posible, una versión personal de los talismanes que elabore. Esto debe hacerlo respetando las enseñanzas de los maestros; innovando pero no inventando. Cada mago debe dibujar sus talismanes, dándoles así su impronta.

Siguiendo las reglas de los magos antiguos y basándose en especial en la descripción dada por E. Levy, he diseñado un modelo de cada uno de los siete talismanes planetarios. Según el mago francés, estos talismanes deben tener las siguientes condiciones:

"El pentagrama debe grabarse siempre en uno de los lados del talismán, con un círculo para el sol, un creciente para la luna, un caduceo alado para Mercurio, una espada para Marte, una G para Venus, una corona para Júpiter y una guadaña para Saturno. El otro lado del talismán debe llevar el signo de Salomón, es decir, la estrella de seis rayos hecha con dos triángulos superpuestos, colocándose una figura humana en el centro en los del Sol, una copa en los de la Luna, una cabeza de perro en los de Mercurio, una cabeza de águila en los de Júpiter, una de león en los de Marte, una paloma en los de Venus y una cabeza de toro o de macho cabrío en los de Saturno".

Junto a los signos alegóricos de los planetas, E. Levi recomienda escribir sobre el talismán el nombre del arcángel planetario correspondiente, sea en hebreo o en alguno de los alfabetos mágicos, los cuales veremos más adelante. El maestro galo se inspira asimismo en Paracelso al recomendar que los talismanes planetarios lleven en uno de sus lados la estrella de cinco puntas y en el otro la de seis, ya que según lo indica Paracelso, estos dos signos son los signos de mayor virtud mágica.[15] Esta es la razón por la cual en los talismanes planetarios encontraremos estas dos figuras en las siete versiones de los mismos.

En el diseño de los siete talismanes planetarios que veremos a continuación, lleva cada uno el nombre de su arcángel correspondiente, la rúbrica del ángel y los signos de los espíritus planetarios así como los nombres de Dios de cada planeta.

Cada uno de los talismanes de los siete planetas puede realizarse en aquel metal que le es propio o se puede trazar sobre papel con las tintas o los lápices del color de cada planeta.

Los siete talismanes planetarios con sus funciones y virtudes específicas

Talismán de Saturno

Por su intermedio se obtiene:

- Protección de las personas ancianas.
- Protección en temas judiciales.

---

15 Ver capítulo XIII. El sello de Paracelso.

- Protección de entidades negativas ligadas a la muerte (fantasmas, espectros, etc.)
- Protección en los partos.
- Ayuda a superar los duelos y la tristeza.
- Éxito en las obras "a largo plazo".
- En lo espiritual: profundidad, paciencia y sabiduría.
- Sentido del deber.
- Se obtiene la asistencia del arcángel Orifiel, regente de este planeta.

Talismán de Júpiter

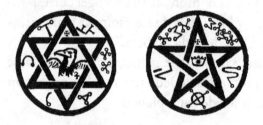

Este talismán pertenece al planeta que llamamos "gran benefactor". Por su intermedio se obtiene:

- Abundancia.
- Prosperidad.
- Adquisición de dignidades merecidas.
- Logros profesionales.
- Ayuda a tornarnos positivos y alegres.
- En el plano espiritual, nos ayuda a desarrollar la caridad, la generosidad y piedad.
- Se obtiene la asistencia del arcángel Zachariel, regente de este planeta.

Talismán de Marte

Por su intermedio se obtiene:

- Protección de los enemigos.
- Vigor.
- Éxito en las obras que requieran capacidad de lucha.
- Protección de los logros profesionales.
- Para superar la ira y la inquietud.
- En el plano espiritual nos aporta valentía y fortaleza.
- Se obtiene la asistencia del arcángel Sanael, regente de este planeta.

Talismán del Sol

Por su intermedio se obtiene:
- Dicha.
- Sentido artístico.
- Protección espiritual.
- Bendición y protección de los niños.
- En el plano espiritual, nos aporta valentía y fortaleza.
- Ayuda a practicar la fe y la devoción.
- Se obtiene la asistencia del arcángel Miguel, regente de este planeta.

Talismán de Venus

Venus es el segundo planeta benéfico del septenario.

Por su intermedio se obtiene:

- Protección y favorecimiento de los vínculos de pareja.
- Logros económicos.
- Cambio favorable de la suerte.
- En el plano espiritual, nos aporta alegría y sentido de la belleza.
- Se obtiene la asistencia del arcángel Anael, regente de este planeta.

Talismán de Mercurio

Por su intermedio se obtiene:

- Capacidad para el estudio.
- Protección en viajes.
- Protección de comercios.
- Elocuencia.
- Favorecimiento del vínculo con amigos y hermanos.
- En el plano espiritual, nos aporta discernimiento.
- Se obtiene la asistencia del arcángel Rafael, regente de este planeta.

Talismán de la Luna

Por su intermedio se obtiene:

- Protección de hogares.
- Favorecer el vínculo con los padres.
- Intuición.
- Éxito en las obras de adivinación.
- En el plano espiritual, nos favorece la práctica de la sensibilidad.
- Se obtiene la asistencia del arcángel Gabriel, regente de este planeta.

Estos talismanes se pueden realizar tal cual se encuentran aquí. Como en todos los casos, es importante que los mismos sean elaborados con los materiales propios del planeta y en su tiempo adecuado.

Cada uno de ellos lleva grabado: Los nombres de Dios propios del planeta, el nombre de su ángel y la rúbrica del mismo, su número, el signo del planeta y el de su espíritu.

El lado del cual se encuentra el pentagrama (estrella de cinco puntas) es el anverso y el lado que lleva el pentagrama (estrella de seis puntas) es el reverso.

Los talismanes y la salud

En nuestro *Manual de alta magia* nos hemos referido a las virtudes sanadoras de los talismanes:

En la Antigüedad, los talismanes formaban parte de la medicina hermética, una forma de medicina basada en el poder sanador de los signos y las palabras. En esto fue Paracelso una guía para su época y las generaciones de terapeutas posteriores. Paracelso se refiere a la cura por medio de talismanes como "medicina caracterológica o cabalística" y al respecto dice lo siguiente: *"Los que la profesan curan las enfermedades, según lo que sabemos a través de sus libros y escritos, por el influjo de ciertos signos dotados de extraño poder, capaces de hacer correr a aquel a quien se le ordena o darle o sustraerle determinados influjos o maleficios. Ello puede lograrse también por la acción de la palabra..."*.

La elaboración de talismanes terapéuticos, tal como los realizaba Paracelso, requiere de un profundo conocimiento de la ciencia astrológica, así como una importante pericia en lo que hace al arte de la metalurgia y –por supuesto– un gran conocimiento médico.

Veamos a continuación, para ilustrar esto, las indicaciones dadas por el maestro suizo para la elaboración de un talismán contra la parálisis tal como figura en su texto la *Archidoxia*[16].

"Toma Oro, del peso de la moneda de oro Húngara. Precisas que sea puro, limpio de toda escoria... Añade algo de bórax, y funde, cuando la Luna esté en el grado 19 o 20 de Capricornio. Una vez licuada esta mezcla, echa a la misma hora 30 gramos de limaduras de cobre y vierte. Consérvalo aparte hasta que la Luna esté en el mismo grado de Escorpión; funde y echa 30 gramos de limaduras de hierro. Vierte todavía y ponlo de lado hasta que la Luna entre en Leo. Luego, lamina y acaba grabando todos los signos que deben entrar en su confección. Lleva esto a cabo en la hora de Júpiter. A la hora de Júpiter, graba sobre ambos lados de la medalla…".

Aquí podemos ver –a modo de ejemplo– el diseño que corresponde en la *"Archidoxia"* a un talismán para la cura de cálculos en los riñones.

---

16 La *Archidoxia mágica* es un compendio de magia talismánica ligada a la salud. Paracelso –según lo afirma la tradición– curaba las enfermedades por medio de la aplicación de talismanes, con sorprendente éxito. El término "Archidoxia mágica" remite a la idea de preeminente o superior doctrina mágica.

La aplicación de talismanes con fines terapéuticos puede ser incluida dentro de la práctica mágico/alquímica denominada "astromedicina" dentro de la cual incluimos también a la alquimia espagírica.

La concepción hermética de la realidad entiende que todas las cosas se encuentran unidas y que "todo está en todo". Los astros influyen en la vida del hombre gracias a que estos también se encuentran (en un modo humano) en el hombre. De esta manera, las cosas celestes y las terrestres poseen una cierta relación de correspondencia.

La doctrina tradicional del micro y macrocosmos enseña que lo de arriba se encuentra en lo de abajo y viceversa. El hombre es un pequeño cosmos y el cosmos un gran hombre. El estudio de las relaciones entre estos dos elementos ha dado en los siglos un verdadero "corpus" de literatura mágico/alquímica.

Cada elemento de la naturaleza lleva el sello o un signo del planeta o la fuerza astrológica que lo rige. Este "signo" se encuentra en su constitución, sea su color, forma, aroma, etc. El estudio de estos "signos" es el estudio de las "signaturas". C. Agrippa se refiere a esta doctrina en lo que hace a las relaciones "simpáticas" entre los astros y el cuerpo humano, siguiendo, como él mismo dice, "la tradición de los árabes", de este modo:

"Más hay que saber cómo el cuerpo humano está distribuido en los Planetas y en los Signos; según la tradición de los árabes, el Sol preside el cerebro y el corazón, los muslos, la médula, el ojo derecho y el espíritu de vida. Mercurio preside la lengua, la boca y los demás instrumentos u órganos de los sentidos tanto exteriores como interiores, las manos, las piernas, los nervios, la virtud fantástica. Saturno preside el bazo, el hígado, el estómago, la vesícula, la matriz y la oreja derecha, y tiene virtud receptiva…".

Cada actividad psicofísica tiene su correspondencia celeste, así la posee también cada órgano y cada parte del cuerpo. En esta imagen podemos notar al hombre como microcosmos tal como lo entiende la disciplina astrológica conocida como "melothesia" en el cual cada parte del cuerpo humano corresponde a un signo astrológico.

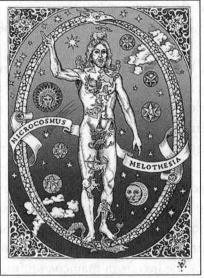

Para curar un órgano enfermo, se acciona sobre la fuerza planetaria analógica a ese órgano a fin de sanarlo. Para comprender esto, C. Agrippa utiliza el ejemplo de lo que ocurre con las cuerdas de los instrumentos musicales, de los cuales si uno hace vibrar una determinada cuerda, esta hace vibrar la misma cuerda de aquel instrumento que esté cerca. Esto es denominado, en magia, "simpatía".

Toda la medicina astrológica, tanto la que opera por medio de talismanes, o aquella que opera por medio de la elaboración de medicinas puede definirse con el axioma de Paracelso que enseña que:

"El astro es medicina del astro".

Todo planeta lleva en sí el remedio de las dolencias que corresponden a ese mismo planeta.

Siguiendo las enseñanzas de Paracelso, se preparan con los mismos talismanes "tinturas o "elixires", las cuales son elaboradas por medio de técnicas de magnetización similares a la actual "radiónica". Así es que siguiendo las reglas propias de la astrología, la magia y la alquimia, se elaboran preparados en los cuales se ha incorporado la energía propia de cada talismán, haciendo de este modo que la energía de los mismos se torne "potable". Estos preparados se elaboran en tiempos astrológicos muy precisos los cuales garantizan la calidad energética de los mismos. Asimismo, dada la virtud vibracional y la sutilidad que poseen, logran una rápida y eficaz acción sobre los chakras y órganos que cada planeta rige. Siguiendo esta línea de trabajo, nos encontramos en una misma frecuencia con la forma de trabajo de Paracelso, quien curaba las enfermedades y dolencias de sus pacientes, utilizando en muchos casos la ingesta de agua u otros elementos que habían estado en contacto con talismanes.

Alejándonos ya de los ámbitos de lo relacionado al cuerpo físico, podemos referirnos a las virtudes espirituales de los talismanes.

Siguiendo la enseñanza de la Alquimia, cada planeta opera sobre determinadas funciones y órganos del cuerpo humano. Siguiendo estas relaciones podemos determinar que cada talismán planetario, cuando es elaborado de manera adecuada y en el momento astrológico que le es propicio, puede ser aplicado con el fin de favorecer los procesos de sanación de los órganos y funciones que le son propios. Veremos a continuación las relaciones simpáticas entre los planetas y sus talismanes y su aplicación en las obras de sanación.

Talismanes de Saturno

Saturno, la medicina astrológica rige: Los oídos, el endocardio, los huesos, los dientes, las articulaciones, la formación de cálculos, las enfermedades crónicas, la bilis, los minerales en la sangre, el bazo. Según el célebre Augier Ferrier[17], Saturno rige

---

17 Auger Ferrier. Médico y astrólogo francés nacido en el siglo XVI, a quien Papus toma como referencia en el tema en su tratado elemental de magia práctica.

también los cólicos, la lepra, las hernias y la ciática. Por ser el planeta regente de los signos de Capricornio y Acuario, las pantorrillas y las rodillas.

Talismanes de Júpiter

Según lo enseña la tradición, Júpiter rige el hígado, el estómago, las grasas, las suprarrenales, el líquido amniótico, los carbohidratos, la formación del tejido celular, la conservación de la energía, todas las dolencias ligadas a exceso de comidas o bebidas. Obesidad. Colesterol. Para A. Ferrier, Júpiter influye también sobre la sangre, las convulsiones y los flemones. Por su relación con los signos de Piscis y Sagitario, los pies, los muslos, y las nalgas.

Talismanes de Marte

Marte es el planeta del vigor y la fuerza. La tradición le adjudica las siguientes regencias: la sangre, el hierro en la sangre, la presión arterial, los glóbulos rojos, los músculos, las arterias, la fiebre, las infecciones, la hemoglobina, la coagulación de la sangre. A. Ferrier asocia a este planeta con los riñones, el hígado la disentería, las jaquecas y las nefritis. Por su relación con el signo de Aries, todos los órganos ubicados en la cabeza y, por Escorpio, los órganos sexuales.

Talismanes del Sol

El Sol rige: El sistema circulatorio, las fuerzas vitales, los ojos, la fertilidad masculina, la salud en general. A. Ferrier considera al cerebro como un órgano solar y al reuma como una dolencia propia de este planeta. Por su regencia del signo astrológico de Leo rige el corazón y todo lo que está ligado a él.

Talismanes de Venus

Según la tradición, el planeta Venus rige: la reproducción en general, los ovarios, las trompas de eustaquio, la lengua, el gusto, la tiroides, los riñones. A. Ferrier coloca bajo el planeta Venus enfermedades como la sífilis y la impotencia masculina. Por su relación con Tauro y Libra, el cuello y el abdomen. Las enfermedades "venéreas", las cuales llevan su nombre.

Talismanes de Mercurio

El planeta Mercurio, al ser el planeta de la comunicación y el movimiento, rige: las cuerdas vocales, la motricidad fina, los dedos, el sistema nervioso, los bronquios, los pulmones, la laringe, las neuronas. Para A. Ferrier, Mercurio se relaciona con dolencias como el vértigo, la tisis pulmonar y las úlceras de las piernas y los pies. Por ser regente de los signos de Géminis y Virgo, se relaciona con las extremidades y el vientre.

Talismanes de la Luna

La Luna rige: la fecundidad femenina, el útero, los senos, la leche materna, los partos, los embarazos, la menstruación, los líquidos corporales, el sueño. A. Ferrier cita entre los órganos y funciones lunares el estómago, el cerebro, los pulmones, las mamas y el vientre.

Por su relación con el signo de Cáncer, rige los pechos en los hombres y mujeres.

Talismanes y Espiritualidad

Más allá de la virtud que los talismanes poseen para ordenar nuestra energía, favorecernos en nuestras obras o asistirnos en nuestra salud, los mismos pueden ser de gran ayuda en nuestro trabajo interior y en nuestro desarrollo espiritual, ya que estos son "focos" de luz. Cada talismán –dado que porta uno o más nombres de Dios– es de algún modo una "bendición fijada en un objeto". Como ya lo hemos dicho en nuestro *Manual de alta magia*: "Los talismanes suelen llevar grabados signos que expresan una cierta energía la cual opera en los diferentes planos que conforman a la persona humana. La acción espiritual de un talismán radica en la virtud de los Nombres Divinos que pueda portar. Asimismo, en estos se graban signos de los espíritus y ángeles que están ligados a los planetas, por lo cual la acción del talismán no se remite tan solo a lo meramente físico, sino que puede ser utilizado para la adquisición de virtudes o fuerzas morales o espirituales, las cuales son transmitidas por estos mismos ángeles y espíritus.

Dios, en su infinita bondad, distribuye sobre nosotros sus bienes, tanto visibles como invisibles, por medio de los sietes planetas los cuales son denominados por esto en la magia "causas segundas". Así lo explicita C. Agrippa:

"La Fuente suprema de los bienes derrama sobre los hombres toda clase de Dones y Virtudes a través de los siete Planetas, como mediante instrumentos: por Saturno, (nos otorga) alta contemplación, profunda inteligencia, juicio de peso, sólido razonamiento, estabilidad y firmeza de las resoluciones; por Júpiter, prudencia inquebrantable, templanza, benignidad, piedad, modestia, justicia, fe, gracia, religión, equidad, clemencia y realeza; por Marte, veracidad intrépida, firmeza y fuerza indomables, ardorosa valentía, fuerza de actuar y ejecutar, y vehemencia de espíritu invariable; por el Sol, espíritu noble, imaginación limpia, genio científico y decisión, madurez, consejo, celo, luz de la justicia, razón y discernimiento del justo para con el injusto, que separa la luz de las tinieblas de la ignorancia, acuerda gloria de haber hallado la verdad, y la caridad que es la reina de todas las virtudes; por Venus, amor ferviente, bellísima esperanza, impulsos del deseo, orden, concupiscencia, belleza, suavidad ansia de acrecentamiento, propia opulencia; por Mercurio, fe penetrante y creencia, un razonamiento claro y definido, fuerza de interpretar, y pronunciar, nobleza de elocución, sutileza de espíritu, riqueza del razonamiento y prontitud de los sentidos; por la Luna, concordia pacífica, fecundidad, fuerza de producir y aumentar, de crecer y decrecer, templanza moderada y solicitud que, actuando tanto en secreto como en público, conduce a todas las cosas, se preocupa de la tierra en cuanto a la manera de manejar nuestra vida y de procurar para sí y para los demás el acrecentamiento".

Los planetas que vemos en el cielo son del algún modo el "cuerpo" del planeta. Este cuerpo es el que influye sobre los planos más bajos de nuestra realidad y sobre la naturaleza. El cuerpo de los planetas opera sobre los cuerpos de las criaturas. Junto a esto, debemos tener presente que los planetas están ligados a ángeles, los cuales transmiten a nosotros las fuerzas más elevadas de cada uno de ellos, las virtudes espirituales que les son propias, las cuales fueron citadas más arriba por la brillante pluma de C. Agrippa. Los ángeles rectores de cada planeta, operan sobre nuestra conciencia espiritual así como el cuerpo del planeta lo hace sobre nuestros cuerpos. Un talismán nos permite entrar en contacto con estas fuerzas angélicas y ser influido por ellas, a fin de adquirir aquellos bienes espirituales que anhelamos. Para esto, "debemos estar predispuestos de manera correcta, deseando en lo profundo de nuestro corazón, elevarnos espiritualmente".

Los círculos mágicos

Existe la posibilidad de diseñar talismanes aplicando la técnica que se utiliza en la elaboración de círculos mágicos. Un círculo mágico es la expresión simbólica del conjunto de energías y entidades que operan en un momento determinado. Aunque el trabajo sobre ellos —dada su complejidad— supera los límites de este libro, es bueno recalcar el hecho de que los mismos pueden ser utilizados, al trazarse sobre papel e incluso sobre metal, como talismanes planetarios.

Por su poder sintético, los círculos mágicos, cuando son elaborados según las reglas propias de la magia, son denominados "pantáculos de una operación". Estos círculos se elaboran sobre la base de los siete planetas teniendo presente entre otros elementos los siguientes: los nombre Divinos del planeta, los ángeles regentes del día y la hora, los nombres de los espíritus de la naturaleza relacionados con el planeta etc. Vemos aquí un círculo mágico de Venus tal como se encuentra en tratados de magia tradicionales.

Círculo mágico de Venus

Es bueno aclarar que existen talismanes a escala social, los cuales se tornan centros de irradiación de luz. Dice Papus que "los antiguos utilizaban no sólo talismanes individuales, sino que además talismanes sociales destinados a alejar al mal influidos por las colectividades, Entre estos últimos las catedrales desempeñan un papel considerable". Los templos en los que se invoca a Dios y en especial aquellos que han sido elaborados y consagrados de manera adecuada, ejercen una influencia espiritual sumamente eficaz, no solo para quienes participan dentro de ellos de la plegaria o de sus ritos, sino también sobre el entorno.

Los nombres divinos

Antes de cerrar el presente capítulo, debemos detenernos en el valor de los nombres divinos, los cuales son un componente esencial en la elaboración de talismanes y en el trabajo mágico en general.

La tradición de los magos nos enseña que los nombres divinos, son canales por medio de los cuales la divinidad hace llegar hasta nosotros su Luz, tal como lo enseña C. Agrippa: *"Aunque Dios es uno, sin embargo, lleva muchos nombres, que no representan muchas esencias diferentes o divinidades, sino que por sus nombres sagrados, como a través de canales, hace correr sobre nosotros una cantidad de bienes, dones y gracias".* Los nombres de Dios son diversos y cada uno de ellos pone de manifiesto una fuerza espiritual particular y los mismos son un modo por medio del cual Dios nos bendice tal como se lee en el libro del Éxodo: *"En todo lugar en que recuerdes mi nombre vendré a ti y te bendeciré".*

La fuerza y la virtud de los talismanes y los sellos radica en los nombres divinos que se encuentran grabados en ellos. En el caso de los talismanes planetarios, cada uno de ellos posee uno o varios nombres, los cuales, escritos en idioma hebreo, poseen valores numéricos ligados a cada uno de los planetas.

La energía espiritual desciende desde el cielo por medio del gran nombre de Dios y se distribuye por medio de los ángeles y todos los seres servidores de Dios sobre la totalidad del universo.

Los cielos reciben pues de los ángeles sus influjos, y los ángeles los reciben del gran nombre de Dios y de IESV cuya virtud es primera en Dios, luego expandida en los diecinueve ángeles por cuyo ministerio se derrama sobre los doce signos y siete planetas, y de allí sobre todos los demás ministros e instrumentos de Dios, penetrando hasta lo ínfimo. Por ello el CRISTO dijo: "Todo lo que pidiereis a mi Padre en Mi Nombre, Él os lo dará". Y al resucitar dijo: "Por la virtud de mi Nombre alejarán los demonios del cuerpo de los poseídos".

Este "gran nombre" de Dios es el "Tetragramma", el nombre inefable de cuatro letras el cual al decir del maestro teutón "es santo, y significa la sustancia del Creador de una significación pura, en la que ninguna otra cosa participa con Dios creador; por ello, se llama el nombre separado, que se escribe y no se lee, y que no expresamos sino sólo nombramos, y que significa, según el lenguaje de lo alto, lo que pertenece a Dios y tal vez también a los ángeles. Papus comenta que el mismo, se encuentra en la cima de toda iniciación, es aquella que irradia en el centro del triángulo flameante en el emblema del grado XXXIII de la masonería escocesa. Y también la encontramos sobre el portal de nuestras antiguas catedrales. Este nombre está formado por cuatro letras hebreas y se lee de la siguiente forma: Iod - He - Vav - He. יהוה".

Hemos comentado, con respecto a esto, en nuestro *Manual de alta magia* lo siguiente: El nombre YHVH, el cual es traducido comúnmente como Jehová, es llamado en la tradición del hermetismo *Tetragrammaton*[18]. Asimismo, los hebreos –dada la santidad del nombre– lo remplazan por el nombre Adonay para evitar pronunciarlo. Según el cabalista cristiano Arnau de Vilanova en su "discurso sobre el nombre de Dios", este sagrado nombre *"ninguna criatura es digna de pronunciarlo, y en su lugar se lee Adonai, que se traduce como Señor"*.

Cada una de las letras del sagrado nombre Tetragrammaton se vincula con uno de los cuatro elementos tradicionales de este modo: la Iod con el fuego, la primera He con el agua, la Vav con el aire y la segunda He con la tierra.

Para la cábala y la magia cristiana, luego de la venida del Cristo a la tierra, todos los nombres de Dios se encuentran resumidos y potenciados en el nombre "Jesús" y, como los expresa C. Agrippa, *"el nombre IESV que tiene toda la virtud del nombre de cuatro letras, expande su poder y virtud, pues este Padre tetragramma le dio poder sobre todas las cosas"*.

Este nombre, que al decir de Pablo de Tarso "está sobre todo nombre" radica en el corazón de todo aquel que se encuentra unido al Divino Maestro por la fe o la devoción. Todo aquel que lleve a Cristo en su corazón (y todo bautizado) siempre que lo haga con

---

18 Palabra que significa "nombre de cuatro letras".

sincero respeto, tiene la potestad de operar dignamente con todos los nombre divinos utilizados antes de su venida, los cuales desde la fuerza y la virtud del nombre IESV alcanzan en el tiempo presente la mayor plenitud.

Nuevamente citaremos al gran mago a alemán quien dice que *"en el tiempo de la naturaleza se invocaba el nombre de Dios mediante el trigrama (שדי) Sadai; en el tiempo de la ley, el nombre inefable de Dios era de cuatro letras (יהוה), en el cual los hebreos expresan (אדני) Adonai. En el tiempo de la gracia, el nombre de Dios es el pentagrama que se pronuncia (יהשוה) IHESV, el cual por un misterio no menos grande se invoca también con tres letras (ישו)".*

A continuación veremos, en el próximo capítulo, los "siete cuadrados mágicos" y los talismanes planetarios que se elaboran con ellos.

Más allá de que la astrología moderna trabaja con más de siete planetas, en la magia y la alquimia, aun reconociendo la eficacia de los planetas transpersonales como Urano, Neptuno y Plutón, se considera importante mantener el septenario planetario y operar solamente con los siete planetas tradicionales.

Esto dice Papus al respecto en su "iniciación astrológica".

"¿Cuantos planetas se deben estudiar para comprender la astrología? Los antiguos maestros de la astrología solo utilizaron siete, a saber: Saturno, Júpiter, Marte, el Sol, Venus, Mercurio y la Luna. Los modernos, queriendo actuar científicamente, han añadido Urano y Neptuno. En mi opinión, es un craso error...".

CAPÍTULO 6

Los cuadrados mágicos

Matemática oculta

Los cuadrados mágicos (conocidos también como "cameas" o "tablas sagradas de los planetas") merecen un capítulo dedicado exclusivamente a ellos.

El estudio de los mismos puede ser llamado "matemática oculta".

Los cuadrados mágicos son siete y con ellos se elaboran talismanes planetarios de gran virtud y fuerza mágica.

Sobre estas tablas sagradas de los planetas dice Agrippa:

"Los magos nos proporcionan en sus obras ciertas tablas de los números, distribuidas en los siete planetas, denominadas Tablas sagradas de los Planetas, dotadas de muchas y grandes virtudes de las cosas celestes, en la medida en que representan esa razón o forma divina de los números celestes, impresa sobre las cosas celestes, por las ideas del pensamiento divino, por la razón del alma del mundo, y por la dulcísima armonía y acorde de los rayos celestes, según la proporción de las efigies que significan el concierto de las inteligencias superiores, y que no pueden ser representadas de ningún otro modo que por las figuras de los números y los caracteres."

En principio, un cuadrado mágico es un diseño formado de cuadrículas en las cuales se colocan los números de manera sucesiva a partir del uno y de los cuales se puede obtener un mismo resultado sumando los números que se encuentran en una misma línea hacia cualquier dirección. Los cuadros pueden realizarse con diversas combinaciones pero los cuadrados mágicos utilizados en la magia práctica son en especial aquellos que nos legaron los grandes maestros antiguos, los cuales poseen especiales virtudes mágicas. Los cuadrados diseñados por C. Agrippa junto a los realizados por Paracelso son los más aplicados por los magos posteriores a ellos. En la inmensa mayoría de los tratados de magia en los que se hace alusión a estas tablas, como ocurre en los libros de Francis Barrett, E. Levi, Papus, I. Regardie, etc., las utilizadas son las de C. Agrippa, lo mismo ocurre con el texto de alquimia y cábala conocido como *Aesch Mezareph*, en el cual los cuadrados mágicos que figuran son también los que se encuentran en la *Filosofía oculta* de C. Agrippa. Estos mismos cuadrados son los que utilizaremos en este libro. De los cuadrados mágicos, se extraen asimismo las "rúbricas" de los ángeles y los espíritus de cada planeta, las cuales se aplican en los talismanes con el objetivo de amplificar y puntualizar sus funciones mágicas.

Cada uno de los siete planetas tradicionales es portador de una fuerza divina, ya que cada uno de ellos se encuentra ligado a un nombre de Dios. Cada cuadrado mágico está en relación directa con una serie de números específicos los cuales son derivados de los nombres divinos propios de cada planeta. Estos nombres escritos en hebreo poseen un valor numérico extraído de la suma de sus letras. De esta forma, cada cuadrado mágico y los sigilos y signos que se extraen de ellos, son una expresión de estos nombres de los cuales extraen su virtud mágica y espiritual.

Aunque cada cuadrado mágico es un talismán en sí mismo, en la elaboración de un talismán se suele agregar a estos, a fin de acrecentar y puntualizar su virtud, los nombres divinos, los signos correspondientes al planeta y las rúbricas de los espíritus del planeta y sus ángeles junto a sus nombres.

De los cuadrados mágicos se extraen los signos y rúbricas del planeta, los de sus genios y los de los ángeles que trabajan según la égida de ese planeta[19].

Podemos ver más abajo un grabado, tomado de "El mago" de Francis Barrett, en el cual podemos observar seis de los siete talismanes planetarios diseñados de tal modo que en cada uno de ellos encontramos, en el anverso del cuadro de ese planeta en números latinos y escrito en hebreo sobre el cuadrado, uno de los nombres divinos correspondientes a ese planeta. Debajo del cuadrado podemos ver el "glifo" o signo del planeta en cuestión. En el lado de afuera en esta misma cara del talismán podemos ver escrito en números latinos el número del planeta extraído de la suma total de la tabla y escritos, también en hebreo, los nombres de los espíritus del planeta junto a alguno de los otros nombres divinos del mismo planeta. Del otro lado, en el anverso, están trazados los signos del planeta y de su espíritu extraídos de su tabla correspondiente. El diseño de estos talismanes está tomado en su totalidad de las enseñanzas de C. Agrippa en su *Filosofía oculta*.

---

19 En los libros de magia antigua podemos observar también las rúbricas de lo que C. Agrippa denomina "demonios para el mal" de los planetas, las cuales se extraen igualmente de estos cuadrados por medio de los nombres de estos demonios. Nosotros no los reproduciremos aquí.

Cuadrados mágicos y talismanes planetarios según F. Barrett

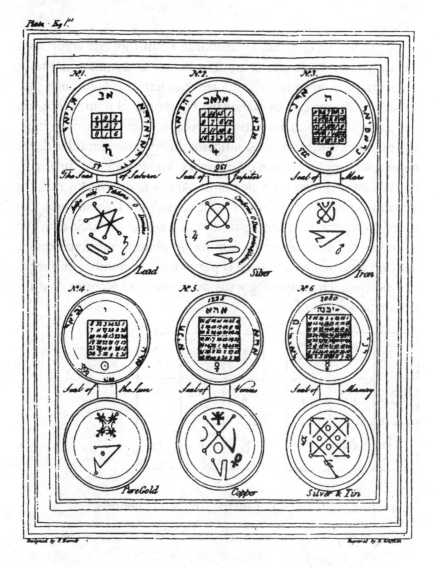

Las tablas sagradas de los siete planetas

La primer camea o tabla sagrada de los planetas, es la del Planeta Saturno, la cual está relacionada con el número tres, por lo tanto está formada por tres columnas de tres números por lado, las cuales suman siempre quince y de la que se extrae, sumando todos los números de la tabla, el número cuarenta y cinco.

Dice C. Agrippa:

"La primera de estas tablas, atribuida a Saturno, está compuesta por un cuadrado de tres columnas, conteniendo nueve números particulares; y en cada columna tres números del lado que se los tome, y mediante las dos diagonales componen el número quince, y la suma total de todos estos números totaliza cuarenta y cinco. Los nombres que forman los números antedichos, extraídos de los nombres divinos, presiden en esa tabla, juntamente con una inteligencia para el bien y un demonio para el mal; y de los mismos números se extrae una firma o rúbrica de Saturno y sus espíritus como los representaremos después aquí sobre su tabla. Se dice que esa tabla grabada sobre una lámina de plomo, que representa a Saturno afortunado, ayuda en el parto, torna al hombre más seguro y potente, y hace que logre sus demandas en las cortes de príncipes y poderosos…".

ד	ט	ב
ג	ה	ז
ח	א	ו

4	9	2
3	5	7
8	1	6

Cuadro de Saturno en números y en letras hebreas.

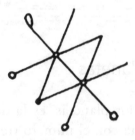

Signo de Saturno.

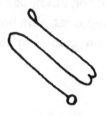

Signo de la Inteligencia de Saturno.

Nombre divinos del planeta Saturno: Ab (אב) Hod (הד) Iah (יה)
Números del cuadrado de Saturno: 3, 15, 45.
Inteligencia de Saturno. Agiel. (אגיאל)

Paracelso coloca en el anverso del talismán de Saturno la camea del planeta y en su reverso la imagen de un anciano alado con una guadaña y el nombre del planeta. Según Paracelso: *"este sello sirve para las mujeres encinta. Llevándolo encima, no tendrán dificultad alguna en sus partos. Luego, todo lo que tocará a este sello, multiplicará y crecerá"*.

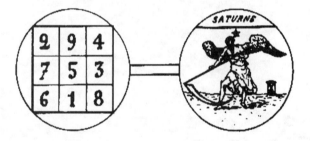

La que sigue a la tabla de Saturno es la de Júpiter. De ella dice C. Agrippa:

"La segunda tabla, la de Júpiter, está compuesta por una cuadrado multiplicado por sí mismo; contiene dieciséis números particulares y, en cada línea y diagonal, cuatro números que, juntos, totalizan treinta y cuatro, y la suma total de todos los números de esa tabla forma ciento treinta y seis; y los números divinos la presiden con una inteligencia para el bien y un demonio para el mal. De esa tabla se extrae la rúbrica de Júpiter y sus espíritus; se dice que, si está grabada sobre una lámina de plata que represente a Júpiter potente y dominante, acuerda riquezas, favor, amor, paz y concordia con los hombres, reconcilia a los enemigos, asegura honores, dignidades y consejos; si está grabada sobre coral, impide los maleficios".

4	14	15	1
9	7	6	12
5	11	10	8
16	2	3	13

ד	יד	טו	א
ט	ז	ו	יב
ה	יא	י	ח
יו	ב	ג	יג

Cuadro de Júpiter en números y en letras hebreas

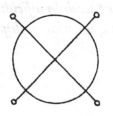

Signo de Júpiter.

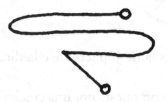

Signo de la Inteligencia de Júpiter.

Nombres divinos del planeta Júpiter: Aba. (אבא) El Ab (אל אב)
Números del cuadrado de Júpiter: 4, 34, 136.
Inteligencia de Júpiter: Johphiel. (יהפיאל)

En el diseño de Paracelso, en el anverso del talismán de Júpiter se debe escribir el nombre del planeta y dibujar la imagen de un sacerdote. Este talismán, grabado sobre estaño, según Paracelso: *"asegura a quien lo lleva la gracia, el amor y el favor de todo el mundo. Multiplicará y aumentará los días de aquel a quien se le imponga, y su portador será feliz en todos sus negocios y apartará de sí las preocupaciones y los temores".*

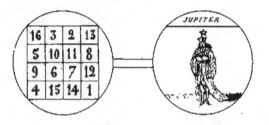

La siguiente tabla es la de Marte. Agripa dice de esta lo siguiente.

"La tercera tabla pertenece a Marte; está compuesta por un cuadrado de cinco columnas; contiene cinco números; en los costados de cada línea y en cada diagonal hay un cinco que forman el número sesenta y cinco, y todos los números contados juntos forman trescientos veinticinco. Está gobernada por los nombres divinos con una inteligencia para el bien y un demonio para el mal; se extrae la rúbrica de Marte y sus espíritus. Esa tabla grabada sobre una lámina de hierro, o sobre una espada, que representa a Marte afortunado, torna potente al hombre en la guerra, sabio en sus juicios, afortunado en sus demandas, terrible para sus adversarios, y acuerda victoria sobre sus enemigos; y grabada sobre cornalina, detiene la sangre y las menstruaciones...".

11	24	7	20	3
4	12	25	8	16
17	5	13	21	9
10	18	1	14	22
23	6	19	2	15

Cuadro de Marte en números y en letras hebreas.

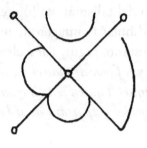

Signo de Marte.

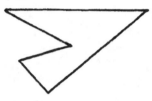

Signo de la Inteligencia de Marte.

Nombre divinos del planeta Marte: He. (ה) Adonay (אדני)
Números del cuadrado de Marte: 5, 25, 65, 325.
Inteligencia de Marte: Graphiel (גראפיאל)

Según Paracelso: *"este sello confiere a quien lo lleva gran fuerza y victoria en todos sus combates y luchas, y le hace triunfar, sin herida alguna, en todos sus encuentros. Si el susodicho sello se le esconde en algún castillo fortificado o en una ciudadela, todos los enemigos serán confundidos al querer sitiarlo…"*.

Paracelso coloca en el reverso del talismán de Marte la figura de un guerrero junto al nombre del planeta.

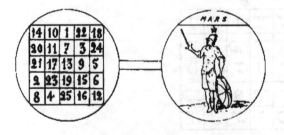

La cuarta tabla es la del Sol de la que dice C. Agrippa:
"La cuarta tabla es atribuida al Sol, y está compuesta por un cuadrado de seis columnas, contiene treinta y seis números; los seis en cada línea y lado y en cada diagonal producen el número ciento once, y todos estos números juntos totalizan seiscientos sesenta y seis. Está gobernada por los nombres divinos con una inteligencia para el bien, y un demonio para el mal; y se extraen los caracteres del Sol y los espíritus. Esa tabla, grabada sobre una lámina de oro que representa al Sol afortunado, a quien la lleva consigo lo torna glorioso, amable, gracioso, poderoso en todas sus obras, y semejante a reyes y príncipes, encumbrándolo en cuanto a fortuna, haciéndole obtener lo que quiere…".

6	32	3	34	35	1
7	11	27	28	8	30
19	14	16	15	23	24
18	20	22	21	17	13
25	29	10	9	26	12
36	5	33	4	2	31

ו	לב	ג	לד	לה	א
ז	יא	כז	כח	ח	ל
יט	יד	טז	יה	כג	כד
יח	כ	כב	כא	יז	יג
כה	כט	י	ט	כו	יב
לו	ה	לג	ד	ב	לא

Cuadro del Sol en números y en letras hebreas.

Signo del Sol.

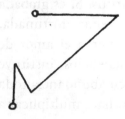

Signo de la Inteligencia del Sol.

Nombres divinos del Sol: Vav (ו) Eloh (אלה)
Números del cuadrado del Sol: 6, 36, 666.
Inteligencia del Sol: Nachiel (נכיאל)

En la versión del talismán de Paracelso, del otro lado del cuadrado del planeta se debe dibujar un rey coronado sentado en su trono a cuyos pies se encuentra recostado un león. En la parte superior se inscribe el nombre del planeta. Según Paracelso: *"El llevar este sello asegura el favor y la gracia de los grandes, reyes, príncipes, etc., y eleva al hombre, con rapidez, hasta un punto tal que, exaltado sin interrupción, tanto en bienes como en honores, llega a ser objeto de admiración general"*.

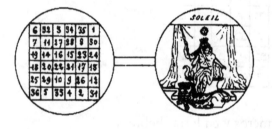

La tabla de Venus es la quinta. C. Agrippa se refiere a ella de este modo:

"La quinta tabla es la de Venus, compuesta por un septenario multiplicado por sí; contiene cuarenta y nueve números; tiene siete en cada línea y lado, y en cada diagonal, que suman ciento setenta y cinco, y la suma de todos estos números juntos totaliza mil doscientos veinte. Lo presiden los nombres divinos con una inteligencia para el bien y un demonio para el mal; de esa tabla se obtiene la rúbrica de Venus y de sus espíritus. Si es grabada sobre una lámina de plata que representa a Venus afortunada, procura concordia; destruye disensiones; acuerda el amor de las mujeres; contribuye a concebir; quita maleficios: instituye paz entre hombre y mujer, y hace producir en abundancia toda clase de animales; y, ubicada en un palomar, hace multiplicar a las palomas; es buena contra las enfermedades melancólicas, y da alegría; llevada encima, hace feliz al viajero…".

22	47	16	41	10	35	4
5	23	48	17	42	11	29
30	6	24	49	18	36	12
13	31	7	25	43	19	37
38	14	32	1	26	44	20
21	39	8	33	2	27	45
46	15	40	9	34	3	28

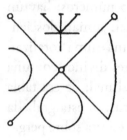

Cuadro de Venus en números y en letras hebreas.

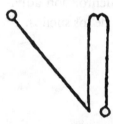

Signo de Venus.

Signo de la Inteligencia de Venus.

Nombres divinos de planeta Venus: Aha (אהא)
Números del cuadrado del Venus: 7, 49, 175, 1225.
Inteligencia de Venus: Hagiel (הגיאל)

Paracelso coloca en el reverso de la tabla de Venus la imagen de una mujer que porta un instrumento de cuerdas. Junto a ella, se encuentra un niño que lleva en sus manos un arco y una flecha.

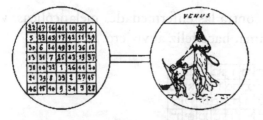

La tabla del planeta Mercurio es la anteúltima de las siete planetarias. Nuevamente escuchemos a C. Agrippa sobre las virtudes de la misma:

"La sexta tabla es la de Mercurio, compuesta por un octonario multiplicado por sí; contiene sesenta y cuatro números; hay un ocho en cada línea y lado, y en cada diagonal: suman doscientos sesenta: todos estos números juntos en una suma totalizan dos mil ochenta. Es gobernada por los nombres divinos con una inteligencia para el bien y un demonio para el mal; de esa tabla se obtiene la rúbrica de Mercurio y sus espíritus. Si está grabada sobre plata o estaño, o cobre amarillo, o si está escrita sobre pergamino Virgen con un Mercurio afortunado, hace que quien la lleve sea gracioso y feliz para la obtención de lo que desee; hace ganar, impide la pobreza; acuerda memoria, entendimiento, don adivinatorio, y hace conocer las cosas ocultas a través de los sueños…".

8	58	59	5	4	62	63	1
49	15	14	52	53	11	10	56
41	23	22	44	45	19	18	48
32	34	35	29	28	38	39	25
40	26	27	37	36	30	31	33
17	47	46	20	21	43	42	24
9	55	54	12	13	51	50	16
64	2	3	61	60	6	7	57

Cuadro de Mercurio en números y en letras hebreas.

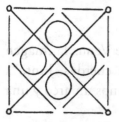

Signo de Mercurio.

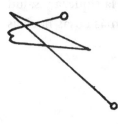

Signo de la Inteligencia de Mercurio.

Nombres divinos de planeta Mercurio: Asboga (אזבוגה) Din (דין)
Doni (דני)
Números del cuadrado de Mercurio: 8, 64, 260, 2080.
Inteligencia de Mercurio: Tiriel (טיריאל)

Paracelso coloca en el talismán de Mercurio en el reverso de la
tabla del planeta, la imagen del dios Mercurio sobre el cual se
inscribe el nombre del planeta.

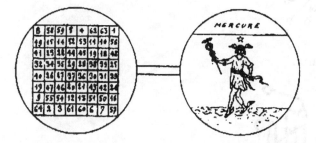

La última tabla es la de la Luna de la que dice C. Agrippa:
"La séptima tabla es la de la Luna, compuesta por un novenario
multiplicado por sí; tiene ochenta y un números: hay nueve en
cada línea y lado, y en cada diagonal; forman trescientos sesenta
y nueve; todos estos números juntos totalizan tres mil trescientos
veintiuno. Los nombres divinos presiden en esa tabla con una inteligencia para el bien y un demonio para el mal; se obtienen los
caracteres de la Luna y sus espíritus. Si está grabada sobre plata
con una Luna afortunada, hace que quien la lleve sea gracioso,

amable, dulce, alegre y honrado, e impide toda maldad y mala voluntad: da seguridad en los viajes, progresos en la riqueza y salud corporal; expulsa a los enemigos y todas las demás cosas nocivas de cualquier lugar que se desee…".

37	78	29	70	21	62	13	54	5
6	38	79	30	71	22	63	14	46
47	7	39	80	31	72	23	55	15
16	48	8	40	81	32	64	24	56
57	17	49	9	41	73	33	65	25
26	58	18	50	1	42	74	34	66
67	27	59	10	51	2	43	75	35
36	68	19	60	11	52	3	44	76
77	28	69	20	61	12	53	4	45

Cuadro de la Luna en números y en letras hebreas

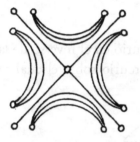

Signo de la Luna.

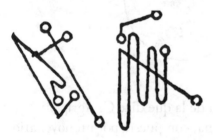

Signo de la Inteligencia de la Luna

Nombres divinos de la Luna: Hod. (הד) Elim (אלים)
Números del cuadrado de de la Luna: 9, 81, 3321.
Inteligencia de de la Inteligencia de la Luna: Malchabetharsisim hed beruah schehakim. מלכא בתרשיתימסח עד ברוח שחקים

En el diseño del talismán de Paracelso, se puede ver en el reverso del cuadrado mágico de la Luna, una mujer que lleva en su mano una media luna mientras se encuentra parada sobre otra mitad. Según el esoterista suizo: *"Este sello preserva de muchas enfermedades a quien lo lleva. Sirve para viajeros y agricultores, protegiéndolos de los ladrones y bergantes. Los objetos encima de los cuales este será colocado, conservarán su integridad y tendrán larga duración"*.

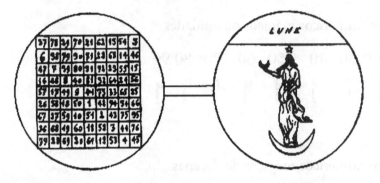

De los cuadrados mágicos se extraen los signos o "sigilos" de los planetas, sus inteligencias y sus ángeles. Estos signos son sumamente importantes cuando se colocan en el diseño de un talismán ya que los mismos son una expresión gráfica, un sello, una rúbrica de esa entidad. Un sigilo, es al igual que una firma, la expresión de un nombre en una sola grafía.

Los números sagrados de los planetas

Como hemos visto más arriba, cada uno de los siete planetas tradicionales posee una serie de números sagrados ligados a los nombres de Dios propios de cada planeta. Estos números se escriben en los talismanes planetarios para resaltar su fuerza y su virtud. Podemos notar más arriba, en los talismanes diseñados por Francis Barrett, cómo se encuentran inscriptos los números de cada uno según su planeta.

La tradición mágica nos ha legado una manera particular de escribir los números. C. Agrippa comenta en su filosofía oculta haber hallado en antiquísimos libros de astrología y magia *"ciertos signos numéricos muy bellos"*, los cuales vemos a continuación.

1 2 3 4 5 6 7 8 9

Γ Ϝ Γ Υ Ρ Ρ Ρ Ρ Ρ

Signos numéricos mágicos de unidades

10 20 30 40 50 60 70 80 90

٦ ٦ ٦ Υ ٦ ٩ ٦ ٩ ٩

Signos numéricos mágicos de decenas

100 200 300 400 500 600 700 800 900

L Ϧ Ʋ Λ ɩ ɩ Ь ɦ Ƅ

1000 2000 3000 4000 5000

Ⅎ ⅎ Ⅎ Ⅎ Ⅎ

6000 7000 8000 9000

ɉ ɉ ɉ ɉ

Signos numéricos mágicos de centenas y milésimas

Uniendo los diferentes signos numéricos se logra formar todos los números. Vemos aquí los números de los siete planetas escritos en estos signos mágicos.

Saturno:

Júpiter:

Marte:

Sol:

Venus:

Mercurio:

Luna:

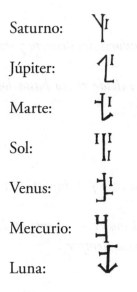

Diseños de talismanes planetarios

Si deseamos elaborar un talismán planetario, podemos copiar los diseños vistos más arriba o podemos diseñar un talismán para cada planeta incluyendo, en cada uno de ellos, los siguientes elementos simbólicos:

- El nombre de Dios del planeta.
- La camea del planeta.
- El nombre de su ángel.
- La rúbrica del ángel.
- El signo del planeta y de su espíritu.
- Su número (se aplica el de la suma total del cuadrado).

También es muy bueno colocar en un círculo externo del talismán, algún versículo de la escritura que esté en concordancia con la energía del planeta. Para esto, podemos tomar diversos versículos que encontramos en las "Claviculas de Salomón" aplicadas a diferentes talismanes planetarios.

Para Saturno:

Salmo 72. 9: "*Ante él se postrarán los moradores del desierto y sus enemigos lamerán el polvo*".

Salmo 72. 8: "*Dominará de mar a mar y desde el río hasta los confines de la tierra*".

Para Júpiter:

Salmo 112. 3: "*Bienes y riquezas hay en su casa y su justicia permanece para siempre*".

Salmo 125. 1: "*Los que confían en Jehová son como el monte de Sion, que no se mueve, sino que permanece para siempre*".

Para Marte:

Salmo 110. 5: "*El Señor está a tu diestra; Quebrantará a los reyes en el día de su ira*".

Salmo 91. 13: "*Sobre el león y el áspid pisarás; hollarás al cachorro del león y al dragón*".

Para el Sol:

Salmo 91. 11 y 12: "*Pues a sus ángeles mandará acerca de ti, que te guarden en todos tus caminos*"

Salmo 116. 16 y 17: "*Tú has roto mis prisiones. Te ofreceré sacrificio de alabanza, e invocaré el nombre de Jehová*".

Para Venus:

Cantar de los cantares 8. 6: "*Ponme como un sello sobre tu corazón, como una marca sobre tu brazo; Porque fuerte es como la muerte el amor*".

Génesis 1. 28: "*Los bendijo Dios, y les dijo: Fructificad y multiplicaos; llenad la tierra, y sojuzgadla*".

Para Mercurio:

Salmo 24. 7: *"Alzad, oh puertas, vuestras cabezas, Y alzaos vosotras, puertas eternas, Y entrará el Rey de gloria".*

Salmo 107. 16: *"Él quebrantó las puertas de bronce, Y desmenuzó los cerrojos de hierro".*

Para la Luna:

Salmo 56. 11: *"En Dios he confiado; no temeré; ¿Qué puede hacerme el hombre?".*

Salmo 40. 13: *"Quieras, oh Jehová, librarme; Jehová, apresúrate a socorrerme".*

Todos estos versículos deben escribirse en el círculo externo del talismán, comenzando en la parte superior. En caso de que el texto del versículo sea demasiado extenso para entrar en el talismán, se puede tomar la primera letra de cada una de las palabras del mismo, seguida de un punto. De esta manera el versículo del Génesis que dice *"Los bendijo Dios, y les dijo: Fructificad y multiplicaos; llenad la tierra, y sojuzgadla",* quedará escrito de este modo:

L. B. D. Y. L. D. F. Y. M. LL. L. T. Y. S.

Esta forma de abreviar un texto puede utilizarse siempre que el mismo sea más largo que el espacio del que disponemos en el talismán.

Es tradicional colocar en los talismanes, los cuadrados mágicos dentro de la figura geométrica que se encuentra en relación con el número del planeta según la cantidad de lados de cada cuadrado. De este modo, el cuadrado mágico de Saturno se ubica dentro de un triángulo, el de Júpiter dentro de un cuadrado, el de Marte en un pentágono, el del Sol en un hexágono, el de Venus en un heptágono, el de Mercurio en un octógono y el de la Luna en un eneágono.

Vemos aquí el diseño de un talismán de Júpiter con su camea, el nombre del ángel de Júpiter y los Nombres de Dios correspondientes escritos en hebreo con el alfabeto celeste.

CAPÍTULO 7

Los talismanes de los ángeles de la cábala y las moradas lunares

El cielo

El cielo es una criatura, un ser configurado por infinidad de seres, un organismo vivo.

Cada parte, cada grado, cada punto del zodíaco, está signado por una presencia angélica particular y posee una determinada virtud espiritual.

C. Agrippa comenta que existe una estrecha relación entre el cielo, los astros y los ángeles en el cumplimiento de la voluntad divina: *"todo lo que Dios ejecuta mediante los ángeles como sus ministros, también lo realiza mediante el cielo y las estrellas, pero como mediante sus instrumentos, para hacer, por ese medio, que todas las criaturas trabajen juntas para su servicio"*.

Cada porción del cielo está en relación directa con una entidad angélica de características sumamente individuales[20].

El zodiaco está dividido en trescientos sesenta porciones llamadas "grados". Así mismo, este se fracciona en doce porciones de treinta grados cada una que configuran los "signos astrológicos". Los signos se dividen a su vez en particiones de diez grados llamados "decanatos" y en otras de cinco grados, denominadas "quinarios".

Existen también veintiocho divisiones del zodiaco que configuran las "Moradas de la Luna".

La división del zodíaco en cuatro secciones de tres signos consecutivos a partir de los signos cardinales (Aries, Cáncer, Libra y Capricornio) configuran las cuatro estaciones del año ligadas a los cuatro elementos.

En el cielo, que permanece fijo, los planetas –cuyo nombre quiere decir "errantes"–, se mueven recorriendo la órbita del zodiaco en tiempos diferentes.

Cada grado, planeta, signo, quinario o morada está regido por un espíritu angélico particular, del cual asimismo, se pueden derivar, por medio de tablas de cálculos cabalísticos llamadas "tablas tzerúficas", los nombres de otros ángeles.

En torno a este compendio de fuerzas y entidades (regidas todas por Dios mismo) es que trabaja la angelología astro-cabalística.

Conociendo las virtudes de cada uno de ellos y sus tiempos adecuados, podemos elaborar talismanes de los siete planetas, los setenta y dos ángeles cabalísticos, las veintiocho moradas de la luna y muchos más...

Los talismanes de los ángeles de los 72 quinarios

El zodíaco y sus trescientos sesenta grados se encuentran divididos en setenta y dos secciones de cinco grados cada una

---

20 Como lo expresa Santo Tomás de Aquino, cada ángel es una criatura única; cada ángel de algún modo es único en su especie, es una especie única.

denominadas "quinarios". Cada quinario está ligado a un ángel particular. Estos son los ángeles comúnmente conocidos como "ángeles cabalísticos", los cuales son llamados por C. Agrippa "ángeles de los quinarios".

Los nombres de estos ángeles, en hebreo, poseen todos cinco letras y los mismos están extraídos de los versículos 19, 20 y 21 del capítulo XIV del libro del Éxodo que dice: "*Y el ángel de Dios que iba delante del campamento de Israel, se apartó e iba en pos de ellos; y asimismo la columna de nube que iba delante de ellos se apartó y se puso a sus espaldas, e iba entre el campamento de los egipcios y el campamento de Israel; y era nube y tinieblas para aquellos, y alumbraba a Israel de noche, y en toda aquella noche nunca se acercaron los unos a los otros. Y extendió Moisés su mano sobre el mar, e hizo Jehová que el mar se retirase por recio viento oriental toda aquella noche; y volvió el mar en seco, y las aguas quedaron divididas*".

Papus, en su libro *La Cábala*, dice sobre estos poderosos ángeles lo siguiente:

"*Los nombres de los 72 ángeles están ocultos en tres misteriosos versículos, 19-20 y 21, del Cap. XIV del Éxodo, cada uno de ellos formado por 72 letras hebreas.*

"*Forma de extraer los 72 nombres: Ante todo, escribir por separado los tres versículos, en tres líneas de 72 letras cada una, con base en el texto hebreo; luego debemos tomar la primera letra del versículo 19 y del 20, comenzando por la derecha. Estas tres primeras letras forman el atributo del Genio. Siguiendo el mismo orden hasta el final, se obtendrán los 72 atributos de las virtudes divinas. Si añadimos a cada uno de estos nombres uno de los grandes nombres divinos: Yah (יה) o El (אל), obtendremos los 72 nombres de los ángeles*".

Los talismanes de estos ángeles, según la tradición enseñada por E. Levy, deben llevar el nombre de un ángel diferente de cada lado. Según lo manifiesta el maestro francés en su libro dedicado a estos ángeles, llamado *Las clavículas de Salomón*, con estos setenta y dos ángeles se configuran treinta y seis talismanes. Dice E. Levy al respecto: "*Estudiad cuidadosamente los jeroglíficos y las letras sagradas de los treinta y seis talismanes y escribid alrededor de ellos un versículo de las Escrituras, buscando aquel que exprese mejor para vosotros la virtud de las letras y los nombres. Estos talismanes fijan el espíritu, potencian el pensamiento y sirven fielmente a la voluntad. Los espíritus de todas las jerarquías estarán en comunión perpetua con todo aquel que comprenda y utilice sabiamente estos signos".*

Según E. Levy, los talismanes de estos ángeles deben realizarse intercalando en cada lado de ellos un ángel distinto en un orden ya establecido. El ángel uno, Vehuiah junto al ángel cuatro, Elémiah. El ángel dos, Jeliel, junto al ángel cinco, Mahasiah, etc.

A cada uno de estos ángeles, la tradición le adjudica un versículo de la Escritura, el cual se debe escribir en el círculo externo del talismán.

Para realizar talismanes de estos ángeles, aconsejamos trazar cada uno de los lados en el momento en que el planeta regente del quinario[21], o en su defecto, el Sol o la Luna se encuentren en su quinario correspondiente.

Aquí podemos ver el diseño del talismán del ángel Sitael según E. Levy, con el versículo de la escritura que le corresponde en latín.

Más allá de los trazados por E. Levy dedicados a estos ángeles, aconsejo elaborar estos talismanes colocando en cada uno de ellos, en su interior: el nombre del ángel en hebreo o en otro alfabeto mágico, la rúbrica de su nombre y en el círculo externo transcribir el versículo de la escritura que le corresponde.

---

21 El planeta regente del quinario es el mismo del decanato al que pertenece.

Vemos aquí, a modo de ejemplo, el talismán del ángel Lelahel.

Dado que cada uno de estos ángeles posee una atribución planetaria específica, aconsejamos trazar sus talismanes con la tinta o los lápices consagrados al planeta correspondiente.

Los siguientes son los ángeles de los quinarios con sus nombres en español y hebreo junto a las letras que configuran sus nombres en ese idioma. También hallaremos los versículos de la escritura y los atributos propios de cada uno de ellos.

Ángel 1

Vehuiah. (Vav. He. Vav. Iod. He) והויה
Dios elevado y exaltado por encima de todas las cosas.
Salmo 3. Versículo 3: *"Más tú, Yahveh, escudo que me ciñes, mi gloria, el que realza mi cabeza"*.
Espíritu sutil, dotado de gran sagacidad, apasionado por las ciencias y las artes, capaz de emprender y ejecutar las tareas más difíciles. Característica principal: Energía.
Rige: Los grados 0 a 4 de Aries. Los primeros 20 minutos desde el amanecer.
Planeta: Marte. Día: Martes.

Ángel 2

Jeliel. (Iod. Lamed. Iod. Aleph. Lamed) יליאל
Dios Firme.
Para apaciguar las revueltas populares. Para obtener la victoria contra quienes nos atacan en forma injusta.
Salmo 21, versículo 19: *"¡Más tú, Yahveh, no te estés lejos, corre en mi ayuda, oh fuerza mía!"*.
Espíritu alegre y jovial, de maneras galantes y agradables.
Rige: Los grados 5 a 9 de Aries. Los minutos 20 a 40 desde el amanecer.
Planeta: Marte. Día: Martes.

Ángel 3

Sitael. (Samekh. Iod. Tet. Aleph. Lamed) סיטאל
Dios, esperanza de todas las criaturas.
Salmo 91, versículo 2: *"¡Mi refugio y fortaleza, mi Dios, en quien confío!"*.
Contra las adversidades.
Protege contra las armas y las bestias feroces. Amante de la verdad, sostendrá su palabra y complacerá a aquellos que tengan necesidad de sus servicios.
Rige: Los grados 10 a 14 de Aries. Los últimos veinte minutos de la primera hora desde el amanecer.
Planeta: Sol. Día: Domingo.

Ángel 4

Olamiah. (Ayin. Lamed. Mem. Iod. He) עלמיה
Dios oculto.
Contra los tormentos espirituales y para conocer a los traidores.
Salmo 6, versículo 4: *"Vuélvete, Yahveh, recobra mi alma, sálvame, por tu amor"*.

Gobierna sobre los viajes y expediciones marítimas. Es industrioso, afortunado en sus empresas y apasionado por los viajes.

Rige: Los grados 15 a 19 de Aries. Los primeros veinte minutos de la segunda hora desde el amanecer.

Planeta: Sol. Día: Domingo.

Ángel 5

Mahasiah. (Mem. He. Sin. Iod. He) מהשיה
Dios salvador.

Salmo 34, versículo 4: *"He buscado a Yahveh, y me ha respondido: me ha librado de todos mis temores"*.

Gobierna sobre: Alta Ciencia, Filosofía Oculta, Teología y Artes liberales. Aprende con facilidad y se apasiona por los placeres honestos.

Rige: Los grados 20 a 24 de Aries. Los segundos veinte minutos de la segunda hora desde el amanecer.

Planeta: Venus. Día: Viernes.

Ángel 6

Lelahel. (Lamed. Lamed. He. Aleph. Lamed) ללהאל
Dios digno de alabanza.

Salmo 9, versículo 11: *"Salmodiad a Yahveh, que se sienta en Sión, publicad por los pueblos sus hazañas"*.

Para obtener luces y curar las enfermedades. Amor, renombre, Ciencia, Artes y Fortuna. Característica principal: Ambición, Celebridad.

Rige: Los grados 24 a 29 de Aries. Los últimos veinte minutos de la segunda hora desde el amanecer.

Planeta: Venus. Día: Viernes.

Ángel 7

Akaiah. (Aleph. Kaph. Aleph. Iod. He) אכאיה
Dios Bueno y Paciente.

Salmo 103, versículo 8: *"Clemente y compasivo es Yahveh, tardo a la cólera y lleno de amor"*.

Gobierna sobre la Paciencia y los secretos de la naturaleza.

Es amante de aprender, y muy hábil en la ejecución de los más difíciles trabajos.

Rige: Los grados 0 a 4 de Tauro. Los primeros veinte minutos de la tercera hora desde el amanecer.

Planeta: Mercurio. Día: Miércoles.

Ángel 8

Cahetel. (Kaph. He. Taw. Aleph. Lamed) כהתאל
Dios adorable.

Salmo 95, versículo 6: *"Entrad, adoremos, prosternémonos, ¡de rodillas ante Yahveh que nos ha hecho!"*.

Para obtener la bendición de Dios y expulsar los malos espíritus. Domina sobre la producción agrícola e inspira al hombre para elevarse hacia Dios. Es amante del trabajo, la agricultura y el campo.

Rige: Los grados 5 a 9 de Tauro. Los segundos veinte minutos de la tercera hora desde el amanecer.

Planeta: Mercurio. Día: Miércoles.

Ángel 9

Aziel. (He. Zayin. Iod. Aleph. Lamed) הזיאל
Dios de Misericordia.

Salmo 25, versículo 6: *"Acuérdate, Yahveh, de tu ternura, y de tu amor, que son de siempre"*.

Misericordia de Dios, amistad y favor de los grandes, cumplimiento de una promesa dada. Domina sobre: Buena fe y reconciliación. Son sinceros en sus promesas y perdonan con facilidad.

Rige: Los grados 10 a 14 de Tauro. Los últimos veinte minutos de la tercera hora desde el amanecer.

Planeta: Luna. Día: Lunes.

Ángel 10

Aladiah. (Aleph. Lamed. Dalet. Iod. He) אלדיה
Dios propicio.

Salmo 33, versículo 22: *"Sea tu amor, Yahveh, sobre nosotros, como está en ti nuestra esperanza".*

Es favorable para aquellos que han cometido crímenes ocultos y temen ser descubiertos. Domina sobre la rabia, la peste y la curación de enfermedades. Se caracteriza por la buena salud y el éxito en sus empresas.

Rige: Los grados 15 a 19 de Tauro. Los primeros veinte minutos de la cuarta hora desde el amanecer.

Planeta: Luna. Día: Lunes.

Ángel 11

Lauviah. (Lamed. Aleph. Vav. Iod. He) לאויה
Dios alabado y exaltado.

Salmo 18, versículo 50: *"El hace grandes las victorias de su rey y muestra su amor a su ungido, a David y a su linaje para siempre".*

Es favorable contra el rayo y para obtener la victoria. Domina sobre el renombre y la fama. Se caracteriza como un gran personaje, sabio y famoso por sus talentos personales.

Rige: Los grados 20 a 24 de Tauro. Los segundos veinte minutos de la cuarta hora desde el amanecer.

Planeta: Saturno. Día: Sábado.

Ángel 12

Hahoiah. (He. He. Ayin. Iod. He) ההעיה
Dios que brinda refugio.

Salmo 9, versículo 9: *"¡Sea Yahveh ciudadela para el oprimido, ciudadela en los tiempos de angustia!".*

Gobierna sobre los sueños y los Misterios ocultos a los mortales. Es de costumbres tranquilas, discretas y espirituales. Contra las adversidades.

Rige: Los grados 25 a 29 de Tauro. Los últimos veinte minutos de la cuarta hora desde el amanecer.

Planeta: Saturno. Día: Sábado.

Ángel 13

Iezalel. (Iod. Zayin. Lamed. Aleph. Lamed) יזלאל

Dios glorificado por sobre todas las cosas.

Salmo 97, versículo 4: "*¡Aclamad a Yahveh, toda la tierra, estallad, gritad de gozo y salmodiad!*".

Gobierna sobre la amistad, la reconciliación y la fidelidad conyugal. Aprende con facilidad y goza de gran destreza.

Rige: Los grados 0 a 4 de Géminis. Los primeros veinte minutos de la quinta hora desde el amanecer.

Planeta: Júpiter. Día: Jueves.

Ángel 14

Mebahel. (Mem. Bet. He. Aleph. Lamed) מבהאל

Dios conservador.

Salmo 9, versículo 9: "*¡Sea Yahveh ciudadela para el oprimido, ciudadela en los tiempos de angustia!*".

Gobierna sobre la Justicia, la Verdad, la Libertad, libera a los oprimidos y protege a los prisioneros. Es amante de la jurisprudencia y se destaca en los tribunales. Actúa contra aquellos que buscan usurpar la fortuna de otros.

Rige: Los grados 5 a 9 de Géminis y los segundos 20 minutos de la quinta hora desde el amanecer.

Planeta: Júpiter. Día: Jueves.

Ángel 15

Hariel. (He. Resh. Iod. Aleph. Lamed) הריאל

Dios Creador.

Salmo 94, versículo 22: "*Más Yahveh es para mí una ciudadela, mi Dios la roca de mi amparo*".

Gobierna sobre las Ciencias y las Artes. Se caracteriza por sus sentimientos religiosos y por la pureza de sus costumbres.

Rige: Los grados 10 a 14 de Géminis y los últimos 20 minutos de la quinta hora desde el amanecer.

Planeta: Marte. Día: Martes.

Ángel 16

Haquamiah. (He. Qoph. Mem. Iod. He) הקמיה
Dios creador del Universo.

Salmo 88, versículo 1: *"Yahveh, Dios de mi salvación, ante ti estoy clamando día y noche".*

Gobierna sobre los reyes y generales. Otorga la victoria. Su carácter es franco, valiente, leal, susceptible en asuntos de honor y apasionado por Venus. Contra los traidores, para obtener la victoria y para librarse de aquellos que pretenden ejercer la opresión.

Rige: Los grados 15 a 19 de Géminis y los primeros 20 minutos de la sexta hora desde el amanecer.

Planeta: Marte. Día: Martes.

Ángel 17

Lauviah. (Lamed. Aleph. Vav. Iod. He) לאויה
Dios Admirable.

Salmo 8, versículo 1: *"Oh Yahveh, Señor nuestro, ¡qué glorioso tu nombre por toda la tierra! Tú que exaltaste tu majestad sobre los cielos".*

Contra la tristeza y los tormentos del espíritu. Gobierna sobre las Altas Ciencias y los descubrimientos maravillosos. Proporciona revelaciones durante el sueño. Es amante de la música, la poesía, la literatura y la filosofía.

Rige: Los grados 20 a 24 de Géminis y los segundos 20 minutos de la sexta hora desde el amanecer.

Planeta: Sol. Día: Domingo.

Ángel 18

Caliel. (Kaph. Lamed. Iod. Aleph. Lamed) כליאל
Dios dispuesto a otorgar.

Salmo 7, versículo 8: *"(Yahveh, juez de los pueblos.) Júzgame, Yahveh, conforme a mi justicia y según mi inocencia".*

Hace que se conozca la verdad en los procesos judiciales; Ayuda al triunfo de la inocencia. Su carácter es justo e íntegro. Ama la verdad y la magistratura. Para obtener un rápido auxilio.

Rige: Los grados 25 a 29 de Géminis y los últimos 20 minutos de la sexta hora desde el amanecer.

Planeta: Sol. Día: Domingo.

Ángel 19

Leuviah. (Lamed. Vav. Vav. Iod. He) לוויה
Dios, auxilio de los pecadores.

Salmo 40, versículo 1: *"En Yahveh puse toda mi esperanza, él se inclinó hacia mí y escuchó mi clamor".*

Obra para obtener la gracia de Dios. Gobierna sobre la memoria y la inteligencia humana. Es amable, agradable, modesto, y sabe soportar con resignación las adversidades.

Rige: Los grados 0 a 4 de Cáncer y los primeros 20 minutos de la séptima hora desde el amanecer.

Planeta: Venus. Día: Viernes.

Ángel 20

Pahaliah. (Pe. He. Lamed. Iod. He) פהליה
Dios Redentor.

Salmo 120, versículo 2: *"¡Yahveh, libra mi alma del labio mentiroso, de la lengua tramposa!".*

Contra los enemigos de la religión; para convertir a los pueblos al cristianismo. Gobierna sobre: Religión, teología, moral, piedad y castidad. Tiene vocación para la vida eclesiástica.

Rige: Los grados 5 a 9 de Cáncer y los segundos 20 minutos de la séptima hora desde el amanecer.
Planeta: Venus. Día: Viernes.

Ángel 21

Nelcael. (Nun. Lamed. Kaph. Aleph. Lamed) נלכאל
Dios Uno y Único.
Salmo 31, versículo 18: *"Yahveh, no haya confusión para mí, que te invoco, ¡confusión sólo para los impíos; que bajen en silencio al seol..."*.
Contra los calumniadores, los encantamientos y los malos espíritus. Gobierna sobre la Astronomía, las Matemáticas, la Geografía y todas las ciencias abstractas. Es amante de la poesía y la literatura, y apasionado por el estudio.
Rige: Los grados 10 a 14 de Cáncer y los últimos 20 minutos de la séptima hora desde el amanecer.
Planeta: Mercurio. Día: Miércoles.

Ángel 22

Yeiayel. (Iod. Iod. Iod. Aleph. Lamed) ייאל
Salmo 121, versículo 5: *"Yahveh es tu guardián, tu sombra, Yahveh, a tu diestra".*
El lado derecho de Dios.
Gobierna sobre la fama y la fortuna, la diplomacia y el comercio, influye sobre los viajes y descubrimientos, protege contra las tempestades y los naufragios. Es amante del comercio y la industria, de las ideas liberales y filantrópicas.
Rige: Los grados 15 a 19 de Cáncer y los primeros 20 minutos de la octava hora desde el amanecer.
Planeta: Mercurio. Día: Miércoles.

Ángel 23

Melahel. (Mem. Lamed. He. Aleph. Lamed) מלהאל
Dios que libera de los malvados.

Salmo 121, versículo 8: *"Yahveh guarda tus salidas y entradas, desde ahora y por siempre"*.

Protege contra las armas y hace seguros los viajes. Gobierna sobre el agua nacida de la tierra y sobre las plantas medicinales. Su carácter es intrépido por naturaleza, sus actos honorables.

Rige: Los grados 20 a 24 de Cáncer y los segundos 20 minutos de la octava hora desde el amanecer.

Planeta: Luna. Día: Lunes.

Ángel 24

Hahuiah. (He. He. Vav. Iod. He) ההויה
Dios bondadoso por Él mismo.

Salmo 33, versículo 18: *"Los ojos de Yahveh están sobre quienes le temen, sobre los que esperan en su amor"*.

Para obtener la gracia y la misericordia de Dios. Su dominio se extiende sobre los exiliados, los prisioneros fugitivos y los condenados que se rebelan. Protege también contra los animales perjudiciales. Preserva de los ladrones y asesinos.

Es amante de la verdad, las ciencias exactas. Es sincero en sus palabras y acciones.

Rige: Los grados 24 a 29 de Cáncer y los últimos 20 minutos de la octava hora desde el amanecer.

Planeta: Luna. Día: Lunes.

Ángel 25

Nith–Haiah. (Nun. Taw. He. Iod. He.) נתהיה
Dios que otorga la Sabiduría

Salmo 9, versículo 1. *"Te doy gracias, Yahveh, de todo corazón, cantaré todas tus maravillas"*.

Es propicio para obtener la Sabiduría y la verdad cerca de los ocultos misterios.

Gobierna sobre las Ciencias Ocultas. Otorga revelaciones durante el sueño, en especial a los que han nacido en el día que regenta. Influye sobre aquellos que practican la magia de los sabios.

Rige: Los grados 0 a 4 de Leo y los primeros 20 minutos de la novena hora desde el amanecer.

Planeta: Saturno. Día: Sábado.

Ángel 26

Haaiah. (He. Aleph. Aleph Iod. He) האאיה

Dios Secreto.

Salmo 119, versículo 145: *"Invoco con todo el corazón, respóndeme, Yahveh, y guardaré tus preceptos".*

Para ganar los procesos judiciales. Protege a quienes buscan la verdad. Influye sobre la política, los diplomáticos, agentes secretos y misiones ocultas.

Rige: Los grados 5 a 9 de Leo y los segundos 20 minutos de la novena hora desde el amanecer.

Planeta: Saturno. Día: Sábado.

Ángel 27

Ieratel. (Iod. Res. Taw. Aleph. Lamed) ירתאל

Dios que castiga a los malvados.

Salmo 140, versículo 1: *"Líbrame, Yahveh, del hombre malo, del hombre violento guárdame".*

Es propicio para confundir a los malvados y calumniadores y para libramos de los enemigos.

Su dominio atañe a la propagación de la luz y la civilización. Es amante de la paz, la justicia, las ciencias y las artes, y especialmente destacado en la literatura.

Rige: Los grados 10 a 14 de Leo y los últimos 20 minutos de la novena hora desde el amanecer.

Planeta: Júpiter. Día: Jueves.

Ángel 28

Seheiah. (Shin Aleph. He. Aleph. Lamed) שאהי

Dios que cura las enfermedades.

Salmo 70, versículo 15: *"publicará mi boca tu justicia, todo el día tu salvación"*.

Protege contra el trueno y las heridas, los incendios y accidentes causados por ruinas, las caídas, y las enfermedades. Gobierna sobre la salud y la sencillez. Su carácter es en extremo juicioso.

Rige: Los grados 15 a 19 de Leo y los primeros 20 minutos de la décima hora desde el amanecer.

Planeta: Júpiter. Día: Jueves.

Ángel 29

Reiiel. (Resh. Iod. Iod. Aleph. Lamed) רייאל
Dios presto a dar socorro.

Salmo 54, versículo 6: *"Mas ved que Dios viene en mi auxilio, el Señor con aquellos que sostienen mi alma"*.

Actúa contra los impíos y los enemigos de la religión; es útil para liberar a una persona de todos sus enemigos, tanto visibles como invisibles. Se caracteriza por la Virtud y el celo por la propagación de la verdad. Pondrá todo su esfuerzo en destruir la impiedad.

Rige: Los grados 20 a 24 de Leo y los segundos 20 minutos de la décima hora desde el amanecer.

Planeta: Marte. Día: Martes.

Ángel 30

Omael. (Aleph. Vav. Mem. Aleph. Lamed) אומאל
Dios Paciente.

Salmo 71, versículo 5: *"Pues tú eres mi esperanza, Señor, Yahveh, mi confianza desde mi juventud"*.

Protege contra la pesadumbre y la desesperación. Otorga paciencia. Gobierna sobre el reino animal y supervisa la generación de los seres. Se relaciona con los médicos, químicos y cirujanos. Se destaca en lo tocante a la anatomía y la medicina.

Rige: Los grados 25 a 29 de Leo y los últimos 20 minutos de la décima hora desde el amanecer.

Planeta: Marte. Día: Martes.

Ángel 31

Lecabel. Lamed. Kaph. Bet. Aleph. Lamed)לכבאל
Dios Inspirador.

Salmo 71, versículo 16: *"Y vendré a las proezas de Yahveh, recordaré tu justicia, tuya sólo"*.

Gobierna sobre la vegetación y la agricultura. Es amante de la Astronomía, las Matemáticas y la Geometría.

Rige: Los grados 0 a 4 de Virgo y los primeros 20 minutos de la decimoprimera hora desde el amanecer.

Planeta: Sol. Día: Domingo.

Ángel 32

Vasariah. (Vav Shin. Resh. Iod. He) ושריה
Dios Justo.

Salmo 33, versículo 4: *"Pues recta es la palabra de Yahveh, toda su obra fundada en la verdad"*.

Protege contra los que nos atacan por medios judiciales. Su campo de acción es la Justicia. Goza de una memoria privilegiada y de facilidad de palabra.

Rige: Los grados 5 a 9 de Virgo y los segundos veinte minutos de la decimoprimera hora desde el amanecer.

Planeta: Sol. Día: Domingo.

Ángel 33

Iehuiah. (Iod. He. Vav. Iod. He) יהויה
Dios conocedor de todas las cosas.

Salmo: *"El Señor conoce la nada y la vanidad del pensamiento de los hombres"*.

Ayuda a conocer a los traidores.

Rige: Los grados 10 a 14 de Virgo y los últimos veinte minutos de la decimoprimera hora desde el amanecer.

Planeta: Venus. Día: Viernes.

Ángel 34

Lehahiah. (Lamed. He. He. Aleph. Lamed) להה אל
Dios Clemente.

Salmo 131, versículo 3: *"¡Espera, Israel, en Yahveh desde ahora y por siempre!"*.

Es propicio contra la cólera. Es famoso por su talento y sus actos, así como su confianza y fervor en la oración.

Rige: Los grados 15 a 19 de Virgo y los primeros veinte minutos de la decimosegunda hora desde el amanecer.

Planeta: Venus. Día: Viernes.

Ángel 35

Chavaquiah. (Het, Vav. Qoph. Iod. He) חוקיה
Dios dador de alegría.

Salmo 116, versículo 1: *"Yo amo, porque Yahveh escucha mi voz suplicante"*.

Para entrar en gracia nuevamente con aquellos que nos han ofendido. Gobierna sobre las sucesiones, los testamentos y todo lo que se reparte en forma amistosa.

Le gusta vivir en paz con todos y recompensar la fidelidad de los que hayan estado a su servicio.

Rige: Los grados 20 a 24 de Virgo y los segundos veinte minutos de la decimosegunda hora desde el amanecer.

Planeta: Mercurio. Día: Miércoles.

Ángel 36

Menadel. Mem. Nun.Dalet. Aleph. Lamed) מנדאל
Dios digno de adoración.

Salmo 26, versículo 8: *"Amo, Yahveh, la belleza de tu Casa, el lugar de asiento de tu gloria"*.

Para conservar un trabajo que ya se tenga, y los medios de vida que se posean.

Es útil contra las calumnias y para liberar a los prisioneros.

Rige: Los grados 25 a 29 de Virgo y los últimos veinte minutos de la decimosegunda hora desde el amanecer.
Planeta: Mercurio. Día: Miércoles.

Ángel 37

Aniel. (Aleph. Nun. Iod. Aleph. Lamed) אניאל
Dios de las Virtudes.
Salmo 80, versículo 7: *"¡Oh Dios Sebaot, haznos volver, y brille tu rostro, para que seamos salvos!"*.
Para obtener la victoria y hacer que se levante el sitio a una ciudad.
Gobierna sobre las ciencias y las artes; revela los secretos de la naturaleza e inspira a los sabios y filósofos. Su carácter es el de un sabio distinguido.
Rige: Los grados 0 a 4 de Libra y los primeros veinte minutos de la decimotercera hora desde el amanecer.
Planeta: Luna. Día: Lunes.

Ángel 38

Haomiah. (He. Ayin. Mem. Iod. He) העמיה
Dios, esperanza de todos los hijos de la Tierra.
Salmo 91, versículo 9: *"Tú que dices: «¡Mi refugio es Yahveh!», y tomas a Elyón por defensa"*.
Para adquirir todos los tesoros del Cielo y de la Tierra. Protege contra los fraudes, las armas, los animales feroces y los espíritus infernales. Domina sobre todo lo que se relaciona con Dios.
Rige: Los grados 5 a 9 de Libra y los segundos veinte minutos de la decimotercera hora desde el amanecer.
Planeta: Luna. Día: Lunes.

Ángel 39

Rehael. (Resh. He. Ayin. Aleph. Lamed) רהעאל
Dios que recibe a los pecadores.

Salmo 31, versículo 9: "*Tenme piedad, Yahveh, que en angustias estoy. De tedio se corroen mis ojos, mi alma, mis entrañas*".

Es propicio para la curación de las enfermedades. Gobierna sobre la salud y la longevidad. Influye sobre el amor paternal y filial.

Rige: Los grados 10 a 14 de Libra y los últimos veinte minutos de la decimotercera hora desde el amanecer.

Planeta: Saturno. Día: Sábado.

Ángel 40

Ieiazel. (Iod. Iod. Zayin. Aleph. Lamed) ייזאל
Dios regocijante.

Salmo 88, versículo 14: "*¿Por qué, Yahveh, mi alma rechazas, lejos de mí tu rostro ocultas?*".

Este Salmo tiene propiedades maravillosas. Sirve para liberar a los prisioneros, para obtener consuelo y para librarse de los enemigos. Gobierna sobre lo relativo a imprentas y librerías. Su carácter es el propio de artistas y hombres de letras.

Rige: Los grados 15 a 19 de Libra y los primeros veinte minutos de la decimocuarta hora desde el amanecer.

Planeta: Saturno. Día: Sábado.

Ángel 41

Hahahel. (He. He. He. Aleph. Lamed) הההאל
Dios en tres personas.

Salmo 120, versículo 2: "*¡Yahveh, libra mi alma del labio mentiroso, de la lengua tramposa!*".

Contra los impíos y calumniadores. Gobierna sobre el cristianismo. Se caracteriza por su grandeza de alma y energía; es consagrado al servicio de Dios.

Rige: Los grados 20 a 24 de Libra y los segundos veinte minutos de la decimocuarta hora desde el amanecer.

Planeta: Júpiter. Día: Jueves.

Ángel 42

Mijael. (Mem. Iod. Het. Aleph. Lamed) מיחאל
Virtud de Dios, Casa de Dios, Semejante a Dios.
Salmo 121, versículo 7: *"Te guarda Yahveh de todo mal, él guarda tu alma"*.

Es propicio para viajar con seguridad. Descubre las conspiraciones. Se interesa por los asuntos políticos; su mente es muy diplomática.

Rige: Los grados 25 a 29 de Libra y los últimos veinte minutos de la decimocuarta hora desde el amanecer.

Planeta: Júpiter. Día: Jueves.

Ángel 43

Veuliah. (Vav. Vav.lamed. Iod. He) וליה
Rey gobernante.
Salmo 88, versículo 13: *"Mas yo grito hacia ti, Yahveh, de madrugada va a tu encuentro mi oración"*.

Para protegerse del enemigo y ser liberado de la esclavitud. Es amante de la gloria y del estado militar.

Rige: Los grados 0 a 4 de Escorpio y los primeros veinte minutos de la decimoquinta hora desde el amanecer.

Planeta: Marte. Día: Martes.

Ángel 44

Ielahiah. (Iod. Lamed. He. Iod. He) ילהיה
Dios Eterno.
Salmo 119, versículo 118: *"Acepta los votos de mi boca, Yahveh, y enséñame tus juicios"*.

Proporciona el éxito en una empresa útil. Protege de los magistrados y los procesos judiciales. Protege contra las armas y otorga la victoria. Es amante de viajar, con el fin de instruirse; todas sus empresas se ven coronadas por el éxito; se distingue por su talento militar y su coraje, y su nombre llegará a ser famoso en los anales de la gloria.

Rige: Los grados 5 a 9 de Escorpio y los segundos veinte minutos de la decimoquinta hora desde el amanecer.

Planeta: Marte. Día: Martes.

Ángel 45

Saliah. (Samekh Aleph. Lamed. Iod. He) סאליה

Motor de todas las cosas.

Salmo 94, versículo 18: *"Cuando digo: «Vacila mi pie», tu amor, Yahveh, me sostiene".*

Es propicio para confundir a los malvados y los orgullosos, y elevar a quienes son humildes y desposeídos. Gobierna sobre la vegetación. Es amante de aprender y tiene gran facilidad para ello.

Rige: Los grados 10 a 14 de Escorpio y los últimos veinte minutos de la decimoquinta hora desde el amanecer.

Planeta: Sol. Día: Domingo.

Ángel 46

Ariel. (Ayin. Resh. Iod. Aleph. Lamed) עריאל

Dios revelador.

Salmo 145, versículo 9: *"Bueno es Yahveh para con todos, y sus ternuras sobre todas sus obras".*

Para obtener revelaciones. Para agradecer a Dios los bienes que nos envía. Es propicio para descubrir tesoros ocultos, y revela los mayores secretos de la naturaleza; hace ver en sueños lo que se quiera. Su carácter es el de un espíritu fuerte, sutil, de ideas nuevas y pensamiento sublime, discreto y circunspecto.

Rige: Los grados 15 a 19 de Escorpio y los primeros veinte minutos de la decimosexta hora desde el amanecer.

Planeta: Sol. Día: Domingo.

Ángel 47

Asaliah. (Ayin. Shin. Lamed. Iod He) עשליה
Dios justo, que muestra la verdad.

Salmo 104, versículo 24: *"¡Cuán numerosas tus obras, Yahveh! Todas las has hecho con sabiduría, de tus criaturas está llena la tierra"*.

Para alabar a Dios y elevamos a Él cuando nos envía su luz. Gobierna sobre la justicia; hace que se conozca la verdad en los procesos judiciales. Su carácter es agradable, amante de adquirir luces secretas.

Rige: Los grados 20 a 24 de Escorpio y los segundos veinte minutos de la decimosexta hora desde el amanecer.

Planeta: Venus. Día: Viernes.

Ángel 48

Mihael. (Mem. Iod. He Aleph. Lamed) מיהאל
Dios Padre siempre dispuesto.

Salmo 98, versículo 2: *"Yahveh ha dado a conocer su salvación, a los ojos de las naciones ha revelado su justicia"*.

Para conservar la paz y la unión entre los esposos. Protege a quienes recurren a él, enviándoles presentimientos e inspiraciones secretas sobre todo lo que va a pasarles. Gobierna sobre la generación de los seres. Es apasionado por el amor, amante de los paseos y de los placeres en general.

Rige: Los grados 25 a 29 de Escorpio y los últimos veinte minutos de la decimosexta hora desde el amanecer.

Planeta: Venus. Día: Viernes.

Ángel 49

Vehuel. (Vav. He. Vav. Aleph. Lamed) והואל
Salmo 145, versículo 3: *"Grande es Yahveh y muy digno de alabanza, insondable su grandeza"*.
Dios grande y elevado.

Obra contra los disgustos y contrariedades del espíritu. Es propicio para exaltar a Dios, para bendecirle y glorificarle.

Es un alma sensible y generosa, amante de la literatura, la jurisprudencia y la diplomacia.

Rige: Los grados 0 a 4 de Sagitario y los primeros veinte minutos de la decimoséptima hora desde el amanecer.

Planeta: Mercurio. Día: Miércoles.

Ángel 50

Daniel. (Dalet. Nun. Iod. Aleph. Lamed) דניאל
El Signo de la Misericordia. El Ángel de la confesión.
Salmo 103, versículo 8: *"Clemente y compasivo es Yahveh, tardo a la cólera y lleno de amor"*.

Para obtener la misericordia de Dios y acceder a su consuelo. Gobierna sobre la Justicia, abogados y procuradores. Otorga la decisión a los que titubean. Es industrioso y activo en negocios, ama la literatura y se destaca por su elocuencia.

Rige: Los grados 4 a 9 de Sagitario y los segundos veinte minutos de la decimoséptima hora desde el amanecer.

Planeta: Mercurio. Día: Miércoles.

Ángel 51

Hahasiah. (He. He. Shin. Aleph. Lamed) ההשיה
Dios Oculto.
Salmo 104, versículo 31: *"¡Sea por siempre la gloria de Yahveh, en sus obras Yahveh se regocije!"*.

Propicio para la elevación del alma y para descubrir los misterios de la sabiduría. Gobierna sobre la Química y la Física. Revela la piedra filosofal y la medicina universal. Es amante de la ciencia abstracta.

Se interesa por el conocimiento de las propiedades y virtudes propias de los animales, vegetales y minerales. Se destaca en la medicina.

Rige: Los grados 10 a 14 de Sagitario y los últimos veinte minutos de la decimoséptima hora desde el amanecer.
Planeta: Luna. Día: Lunes.

Ángel 52

Omamiah. (Ayin. Mem. Mem. Iod. He) עממיה
Dios elevado por encima de todo.
Salmo 7, versículo 17: *"Doy gracias a Yahveh por su justicia, salmodio al nombre de Yahveh, el Altísimo".*
Destruye el poder de los enemigos y les humilla. Gobierna sobre los viajes en general, protege a los prisioneros que acuden a él y les inspira el medio idóneo para obtener su libertad. De temperamento fuerte y vigoroso, sabe soportar la adversidad con paciencia y coraje; es amante del trabajo.
Rige: Los grados 15 a 19 de Sagitario y los primeros veinte minutos de la decimoctava hora desde el amanecer.
Planeta: Luna. Día: Lunes.

Ángel 53

Nanael. (Nun. Nun. Aleph Aleph. Lamed) ננאאל
Dios que derriba a los orgullosos.
Salmo 119, versículo 75: *"Yo sé, Yahveh, que son justos tus juicios, que con lealtad me humillas tú".*
Gobierna sobre las altas ciencias. Su carácter es melancólico, le gusta estar alejado para reposar y meditar. Es muy versado en las ciencias abstractas.
Rige: Los grados 20 a 24 de Sagitario y los segundos veinte minutos de la decimoctava hora desde el amanecer.
Planeta: Saturno. Día: Sábado.

Ángel 54

Nitael. (Nun. Iod. Taw. Aleph. Lamed) ניתאל
Rey de los Cielos.

Salmo 103, versículo 19: *"Yahveh en los cielos asentó su trono, y su soberanía en todo señorea"*.

Para obtener la misericordia de Dios y vivir por largo tiempo. Se relaciona con los emperadores, reyes y príncipes. Es famoso por sus escritos y su elocuencia goza de reputación entre los sabios.

Rige: Los grados 25 a 29 de Sagitario y los últimos veinte minutos de la decimoctava hora desde el amanecer.

Planeta: Saturno. Día: Sábado.

Ángel 55

Mebahiah. (Mem. Bet He. Iod. He) מבהיה
Dios eterno.

Salmo 102, versículo 12: *"Mas tú, Yahveh, permaneces para siempre, y tu memoria de edad en edad"*.

Es propicio para obtener consuelo a través suyo y para quienes desean tener hijos. Gobierna sobre la moral y la religión. Se destaca por sus buenas obras y su piedad.

Rige: Los grados 0 a 4 de Capricornio y los primeros veinte minutos de la decimonovena hora desde el amanecer.

Planeta: Júpiter. Día: Jueves.

Ángel 56

Poiel. (Pe. Ayin. Iod. Aleph. Lamed) פעיאל
Dios que sustenta el Universo.

Salmo 145, versículo 14: *"Yahveh sostiene a todos los que caen, a todos los encorvados endereza"*.

Propicio para obtener lo que se desea. Gobierna sobre la fama, la fortuna y la filosofía. Goza de la estima general, por su modestia y su agradable humor.

Rige: Los grados 5 a 9 de Capricornio y los segundos veinte minutos de la decimonovena hora desde el amanecer.

Planeta: Júpiter. Día: Jueves.

Ángel 57

Nemamiah. (Nun. Mem. Mem. Iod. He) נממיה
Dios alabado.
Salmo 115, versículo 11: *"Yahveh sostiene a todos los que caen, a todos los encorvados endereza".*
Para prosperar en todo y obtener la libertad de los prisioneros. Gobierna sobre los grandes capitanes. Es amante de la vida militar, se destaca por su actividad y soporta la fatiga con gran coraje.
Rige: Los grados 10 a 14 de Capricornio y los últimos veinte minutos de la decimonovena hora desde el amanecer.
Planeta: Marte. Día: Martes.

Ángel 58

Ieíalel. (Iod. Iod. Lamed. Aleph. Lamed) יילאל
Dios que acoge a las generaciones.
Salmo 6, versículo 3: *"Desmoronada totalmente mi alma, y tú, Yahveh, ¿hasta cuándo?".*
Es propicio contra la tristeza y cura las dolencias, principalmente el mal de ojo.
Influye sobre el Hierro y los comerciantes. Su carácter es franco, valiente.
Rige: Los grados 15 a 19 de Capricornio y los primeros veinte minutos de la vigésima hora desde el amanecer.
Planeta: Marte. Día: Martes.

Ángel 59

Harahel. (He. Resh. He. Aleph. Lamed) הרהאל
Dios conocedor de todas las cosas.
Salmo 113, versículo 3: *"¡De la salida del sol hasta su ocaso, sea loado el nombre de Yahveh!".*
Es propicio contra la esterilidad de las mujeres y para que los hijos sean sumisos a sus padres.

Gobierna sobre la Banca y el tesoro, la imprenta y editoriales. Es amante de aprender y de los negocios (actividad bursátil).

Rige: Los grados 20 a 24 de Capricornio y los segundos veinte minutos de la vigésima hora desde el amanecer.

Planeta: Sol. Día: Domingo.

Ángel 60

Mitzrael. (Mem. Tsade. Resh. Aleph. Lamed) מצראל
Dios, alivio de los oprimidos.

Salmo 145, versículo 17: *"Yahveh es justo en todos sus caminos, en todas sus obras amoroso"*.

Para curar la enfermedad mental y para librarnos de aquellos que nos persiguen. Su carácter es virtuoso y goza de longevidad.

Rige: Los grados 25 a 29 de Capricornio y los últimos veinte minutos de la vigésima hora desde el amanecer.

Planeta: Sol. Día: Domingo.

Ángel 61

Umabel. (Vav. Mem. Bet. Aleph. Lamed) ומבאל
Dios, por encima de todas las cosas.

Salmo 113, versículo 2: *"¡Bendito sea el nombre de Yahveh, desde ahora y por siempre!"*.

Es propicio para obtener la amistad de una persona. Es amante de los viajes y los placeres honestos. Goza de gran sensibilidad emocional.

Rige: Los grados 0 a 4 de Acuario y los primeros veinte minutos de la vigésimo primera hora desde el amanecer.

Planeta: Venus. Día: Viernes.

Ángel 62

Iehahel. (Iod. He. He. Aleph. Lamed) יההאל
Ser Supremo.

Salmo 119, versículo 159: *"Mira que amo tus ordenanzas, Yahveh, dame la vida por tu amor"*.

Es propicio para adquirir la sabiduría. Gobierna sobre los filósofos e iluminados. Amante de la tranquilidad y la soledad, es modesto y virtuoso.

Rige: Los grados 5 a 9 de Acuario y los segundos veinte minutos de la vigésimo primera hora desde el amanecer.

Planeta: Venus. Día: Viernes.

Ángel 63

Anuel. (Ayin. Nun. Resh. Aleph. Lamed) ענואל
Dios infinitamente Bueno.

Salmo 2, versículo 11: *"Servid a Yahveh con temor".*

Para convertir las naciones al cristianismo. Genio protector contra los accidentes, cura así mismo las enfermedades. Gobierna sobre la banca y el comercio. Su espíritu es ingenioso y sutil, activo e industrioso.

Rige: Los grados 10 a 14 de Acuario y los últimos veinte minutos de la vigesimoprimera hora desde el amanecer.

Planeta: Mercurio. Día: Miércoles.

Ángel 64

Mehiel. (Mem. He. Iod. Aleph. Lamed) מהיאל
Dios que vivifica todas las cosas.

Salmo 33, versículo 18: *"Los ojos de Yahveh están sobre quienes le temen, sobre los que esperan en su amor".*

Genio protector contra la rabia y los animales feroces. Gobierna sobre los sabios, profesores, oradores y afines. Se destaca en la literatura.

Rige: Los grados 15 a 19 de Acuario y los primeros veinte minutos de la vigesimosegunda hora desde el amanecer.

Planeta: Mercurio. Día: Miércoles.

Ángel 65

Damabiah. (Dalet. Mem. Bet Iod. He) דמביה
Dios, fuente de Sabiduría.

Salmo 90, versículo 13: "*¡Vuelve, Yahveh! ¿Hasta cuándo? Ten piedad de tus siervos*".

Protege contra los sortilegios. Es útil para obtener la sabiduría y emprender acciones exitosas y benéficas. Gobierna sobre los mares, los ríos, las fuentes y los marineros. Es un carácter amante del mar. Puede llegar a tener una fortuna considerable.

Rige: Los grados 20 a 24 de Acuario y los segundos veinte minutos de la vigésimo segunda hora desde el amanecer.

Planeta: Luna. Día: Lunes.

Ángel 66

Menaquel. (Mem. Nun. Qoph. Aleph. Lamed) מנקאל
Dios que apoya y mantiene todas las cosas.
Salmo: "*Ne derelinquas me Domine, Deus meus; ne discesseris a me*".
Sirve para apaciguar la cólera de Dios. Gobierna sobre la vegetación y los animales acuáticos.
Influencia los sueños. Es de carácter dulce.
Rige: Los grados 25 a 29 de Acuario y los últimos veinte minutos de la vigesimosegunda hora desde el amanecer.
Planeta: Luna. Día: Lunes.

Ángel 67

Eioel. (Aleph. Iod. Ayin. Aleph. Lamed) איעאל
Dios, delicia de los hijos de los hombres.
Salmo 37, versículo 4: "*Ten tus delicias en Yahveh, y te dará lo que pida tu corazón*".
Para obtener consuelo en las adversidades y adquirir la sabiduría. Influencia sobre la Ciencia Oculta. Hace conocer la verdad a quienes acuden a él en sus trabajos. Sus deseos están iluminados por el espíritu de Dios, ama la soledad y se destaca en la Alta Ciencia.
Rige: Los grados 0 a 4 de Piscis y los primeros veinte minutos de la vigesimotercera hora desde el amanecer.
Planeta: Saturno. Día: Sábado.

Ángel 68

Habuiah. (He. Bet. Vav Iod. He) הבויה
Dios que da con largueza.
Salmo 106, versículo 1: *"¡Dad gracias a Yahveh, porque es bueno, porque es eterno su amor!"*.
Para conservar la salud y curar las enfermedades. Gobierna sobre la agricultura y la fecundidad.
Es amante del campo, la cacería, la jardinería y todo lo relacionado con la agricultura.
Rige: Los grados 5 a 9 de Piscis y los segundos veinte minutos de la vigesimotercera hora desde el amanecer.
Planeta: Saturno. Día: Sábado.

Ángel 69

Rahel. (Resh. Aleph. He. Aleph. Lamed) ראהאל
Dios que todo lo ve.
Salmo 16, versículo 5: *"Yahveh, la parte de mi herencia y de mi copa, tú mi suerte aseguras"*.
Para encontrar los objetos perdidos o robados y conocer al autor del robo. Se destaca en los tribunales, y en su conocimiento de las costumbres y usos de todos los pueblos.
Rige: Los grados 10 a 14 de Piscis y los últimos veinte minutos de la vigesimotercera hora desde el amanecer.
Planeta: Júpiter. Día: Jueves.

Ángel 70

Ibamiah. (Iod. Bet. Mem. Iod. He) יבמיה
Verbo creador de todas las cosas.
Versículo 1 del Génesis: *"En el principio creó Dios el cielo y la tierra"*.
Gobierna sobre la generación de los seres y los fenómenos de la naturaleza. Protege a quienes quieren regenerarse. Se destaca por su brillantez, en especial en el campo filosófico.

Rige: Los grados 15 a 19 de Piscis y los primeros veinte minutos de la vigesimocuarta hora desde el amanecer.

Planeta: Júpiter. Día: Jueves.

Ángel 71

Haiaiel. (He. Iod. Iod. Aleph. Lamed) הייאל
Dios, maestro del Universo.

Salmo 109, versículo 30: *"¡Copiosas gracias a Yahveh en mi boca, entre la multitud le alabaré!"*.

Es útil para confundir al malvado y liberarnos de aquellos que pretendieran oprimirnos.

Genio protector de quienes acuden a él. Influye sobre el Hierro. Su carácter es valiente.

Rige: Los grados 20 a 24 de Piscis y los segundos veinte minutos de la vigesimocuarta hora desde el amanecer.

Planeta: Marte. Día: Martes.

Ángel 72

Mumiah. (Mem. Vav. Mem. Iod. He) מומיה
Salmo 116, versículo 7: *"Vuelve, alma mía, a tu reposo, porque Yahveh te ha hecho bien"*.

Protege en las operaciones misteriosas y hace que todas las cosas lleguen a feliz término.

Gobierna sobre la Química, la Física y la Medicina. Su influencia es favorable a la salud y la longevidad. Es apto para llegar al doctorado en Medicina.

Rige: Los grados 25 a 29 de Piscis y los últimos veinte minutos de la vigesimocuarta hora desde el amanecer.

Planeta: Marte. Día: Martes.

Consideraciones astrológicas

Para realizar talismanes de los ángeles de los 72 quinarios, se debe ubicar preferentemente al Sol, o en su defecto a la Luna, en los grados del quinario correspondiente, evitando que tengan malos aspectos de Saturno y Marte.

Cada uno de los 72 ángeles posee la regencia del planeta regente del quinario al que pertenece. Cuando este planeta se encuentra en los grados del ángel, podemos elaborar y consagrar el talismán utilizando las tintas o los lápices propios de ese planeta o podemos grabarlo en el metal que le está adjudicado.

En caso de no disponer de esta información, podemos elaborar y consagrar los talismanes de estos ángeles el día de la semana relacionado con el planeta regente del ángel, en la hora y lunación adecuadas.

Los talismanes de los ángeles de las veintiocho moradas de la Luna

Como lo hemos explicitado en nuestro *Manual de alta magia*, los magos antiguos, siguiendo la enseñanza de la astrología árabe, dividieron el cielo en veintiocho porciones a las cuales le adjudicaron un ángel. Cada una de estas porciones del cielo son las llamadas "moradas de la luna". Cada vez que la Luna entra en una de ellas se manifiesta en nuestro plano la fuerza del ángel correspondiente a esa morada. Asimismo, la tradición le adjudica a cada una de ellas virtudes espirituales específicas así como figuras para elaborar talismanes. Las veintiocho moradas son una división del cielo en cuatro partes, las cuales se dividen a su vez en siete. Las primeras siete moradas se encuentran entre el grado cero de Aries y el cero de Cáncer, las segundas siete entre el cero de Cáncer y el cero de Libra, las siguientes entre el; cero de libra y el cero de Capricornio y las últimas siete desde el cero de Capricornio al cero de Aries.

Todos estos elementos corresponden a aquella rama de la magia que se denomina "magia lunar" ya que es aquella en la cual la luna es observada como astro principal para las operaciones[22].

Podemos elaborar talismanes de las diversas moradas de la Luna respetando siempre que la Luna se encuentre en sus grados. Cada una de ellas está regida por un ángel específico que posee virtudes particulares.

En todos los casos en que realizamos talismanes de los ángeles de las moradas de la luna, debemos incluir al ángel Gabriel, regente de este planeta.

El diseño de un talismán dedicado a un ángel lunar, es el mismo del de un talismán de la Luna, al cual le agregamos el nombre del ángel de la morada y sus rúbricas.

Los ángeles de las veintiocho moradas de la Luna son los siguientes:

Ángel de la morada 1

Geniel.
Favorece los viajes.
Rige: Los grados que van del 0 al 12,51 de Aries.

Ángel de la morada 2

Enediel.
Favorece la buena fortuna
Rige: Los grados que se van del 12,52 al 25,42 de Aries.

Ángel de la morada 3

Amixiel.
Favorece los viajes por mar y las operaciones de alquimia.
Rige: Los grados que van del 25,43 de Aries al 8,34 de Tauro.

---

22 *Manual de alta magia.* Cap IX.

Ángel de la morada 4

Azariel.
Favorece las protecciones.
Rige: Los grados que van del 8,35 al 21,25 de Tauro.

Ángel de la morada 5

Gabiel.
Favorece la protección de lugares, la instrucción de discípulos, la salud y el bienestar.
Rige: Los grados que van del 21,26 de Tauro al 4,17 de Géminis.

Ángel de la morada 6

Diraquiel.
Favorece la abundancia y la amistad.
Rige: Los grados que van del 4,18 al 17,7 de Géminis.

Ángel de la morada 7

Sejeliel.
Favorece las ganancias, la amistad y la pareja.
Rige: Los grados que van del 17,8 al 29 de Géminis.

Ángel de la morada 8

Amnediel.
Favorece el amor, la amistad y las protecciones.
Rige: Los grados que van del 0 al 12,51 de Cáncer.

Ángel de la morada 9

Barbiel.
Favorece las obras hogareñas.
Rige: Los grados que van del 12,52 al 25,42 de Cáncer.

Ángel de la morada 10

Ardefiel.
Favorece la protección de lugares, el amor y el bienestar.
Rige: Los grados que van del 25,43 de Cáncer al 8,34 de Leo.

Ángel de la morada 11

Neciel.
Favorece las ganancias comerciales y los viajes en general.
Rige: Los grados que van del 8,35 al 21,25 de Leo.

Ángel de la morada 12

Abdiznel.
Favorece las cosechas, las plantas y las sociedades.
Rige: Los grados que van del 21,26 de Leo al 4,17 de Virgo.

Ángel de la morada 13

Iazeriel.
Favorece el bienestar, la abundancia y los viajes.
Rige: Los grados que van del 4,18 al 17,8 de Virgo.

Ángel de la morada 14

Ergediel.
Favorece el amor de pareja y la curación de las enfermedades.
Rige: Los grados que van del 17,9 al 29 de Virgo.

Ángel de la morada 15

Ataliel.
Favorece la amistad, el bienestar y la abundancia.
Rige: Los grados que van del 0 al 12,51 de Libra.

Ángel de la morada 16

Azeruel.
Favorece el comercio.
Rige: Los grados que van del 12,52 al 25,42 de Libra.

Ángel de la morada 17

Adriel.
Favorece las protecciones, el amor duradero y el cambio de la suerte de mala a buena.
Rige: Los grados que van del 25,43 de Libra al 8,34 de Escorpio.

Ángel de la morada 18

Egibiel.
Favorece realizar todo tipo de construcción y protección.
Rige: Los grados que van del 8,35 al 21,25 de Escorpio.

Ángel de la morada 19

Amutiel.
Favorece el parto de las mujeres y el bienestar de las mismas.
Rige: Los grados que van del 21,26 de Escorpio al 4,17 de Sagitario.

Ángel de la morada 20

Kyriel.
Favorece el trato con los animales y su bienestar.
Rige: Los grados que van del 4,18 al 17,8 de Sagitario.

Ángel de la morada 21

Bethuzel.
Favorece las ganancias, los viajes y las construcciones en general.
Rige: Los grados que van del 17,9 al 29 de Sagitario.

Ángel de la morada 22

Geliel.
Favorece la curación de enfermedades.
Rige: Los grados que van del 0 al 12,51 de Capricornio.

Ángel de la morada 23

Requiel.
Favorece la curación de enfermedades y la protección.
Rige: Los grados que van del 12,52 al 25,42 de Capricornio.

Ángel de la morada 24

Abremaiel.
Favorece el poder aumentar las ganancias, el bienestar de los animales y el amor de pareja.
Rige: Los grados que van del 25,43 de Capricornio al 8,34 de Acuario.

Ángel de la morada 25

Aziel.
Favorece el bienestar de las plantas y las cosechas.
Rige: Los grados que van del 8,35 al 21,25 de Acuario.

Ángel de la morada 26

Tayriel.
Favorece el amor y la amistad así como el afecto en general.
Rige: Los grados que van del 21,26 de Acuario al 4,17 de Piscis.

Ángel de la morada 27

Alheniel.
Favorece el bienestar de las plantas, las ganancias y la sanación.

Rige: Los grados que van del 4,18 al 17,8 de Piscis.

Ángel de la morada 28

Amnixiel.
Favorece la pesca, el comercio y el amor de pareja.
Rige: Los grados que van del 17,9 al 29 de Piscis.

Consideraciones astrológicas

Para realizar talismanes de los ángeles de las moradas de la Luna, se debe ubicar a la Luna en los grados de la morada, evitando que tenga malos aspectos de Saturno y Marte.

En caso de no disponer de esta información, podemos elaborar y consagrar estos talismanes en el amanecer del Lunes de Luna nueva.

Para elaborarlos, utilizamos en todas las moradas, las tintas o lápices de la Luna y los materiales que le son afines.

Los nombres de estos ángeles pueden aplicarse en los talismanes en letras latinas.

En el siguiente capítulo, dedicado a los nombres de los ángeles, veremos cómo se escriben correctamente cada uno de ellos a fin de aplicarlos en el diseño de talismanes.

CAPÍTULO 8

Los nombres de los ángeles

Conocer el nombre de un ángel es imprescindible para poder operar mágicamente con él. Como bien lo saben todas las escuelas espirituales, en el nombre de las criaturas se encuentra cifrada la esencia de estas. Amén de permitirnos invocarlo correctamente, el nombre nos permite –utilizando técnicas propias de la cábala– la elaboración de las "rúbricas" de los ángeles. Las "rúbricas" son de algún modo las "firmas" de los ángeles, las cuales colocadas en los talismanes realzan y amplifican inmensamente su virtud mágica y espiritual[23].

Los ángeles poseen diferentes nombres por medio de los cuales podemos invocarlos, pero sus nombres "verdaderos" sólo Dios los conoce. Estos nombres de los ángeles, según la tradición bíblica, son aquellos que Adán le adjudicó cuando le confirió, a pedido de Dios mismo, un nombre a cada criatura[24]. Los nombres con los que los llamamos vulgarmente no dejan de tener virtud mágica, ya que igualmente les pertenecen.

---

23 Ver capítulo 9. "Las rúbricas de los ángeles".

24 "*Los doctores hebreos creen que Adán impuso los nombres a los espíritus por lo que expresa este pasaje de la Escritura: 'Dios hizo venir ante Adán todo lo que había creado, a fin de que le pusiera nombre: y el nombre que dio a cada cosa es su verdadero nombre'*". C. Agrippa. *Filosofía Oculta*. Libro III, capítulo XXIV.

Los nombres por medio de los cuales conocemos a los ángeles son una expresión de su virtud o potencia particular, como es el caso del arcángel Rafael que significa "medicina de Dios" o Gabriel "fuerza de Dios".

Los mismos ángeles pueden ser llamados en distintas tradiciones de maneras diversas. Los ángeles planetarios, por ejemplo, poseen diferentes nombres y adjudicaciones según la tradición cristiana y la hebrea.

En el caso de los ángeles planetarios y zodiacales, sus nombres se pueden formar tomando en cualquier idioma el nombre del signo o el planeta que presiden y agregando al final de estos los nombres divinos "El" o "Iah". De esta manera (por ejemplo) según C. Agrippa, en latín, los nombres de los ángeles de los doce signos son los siguientes: *Ariel, Tauriel, Geminiel, Cancriel, Leoniel, Virginiel, Libriel, Scorpiel, Sagitariel, Capriel, Aquariel, y Písciel*. Siguiendo esta regla, los ángeles de los planetas, según el mismo C. Agrippa pueden ser llamados: *Saturniel, Joviel, Martiel, Soliah, Veneriel, Mercuríel, Lunael y Lunaiah*.

Esta forma de llamar a los ángeles, aunque muy poco conocida, es sumamente aplicada en la labor mágica con gran efectividad.

Debemos tener en cuenta que aunque el idioma hebreo es "el idioma que hablan los ángeles", así mismo, ellos pueden ser invocados en todos los idiomas, ya que cada idioma posee algo de la lengua primaria o "adámica" de la cual todas las lenguas derivan. Según el mismo C. Agrippa, *"los ángeles les hablan a las personas a quienes se dirigen en su propia lengua, pero si esta persona sabe el hebreo, sólo se dirigirán a ella en ese idioma"*. Igualmente, más allá de la preponderancia del uso del idioma hebreo en la magia astro-angélica, todos los ángeles pueden ser invocados por medio de otros idiomas. Dado que los ángeles se dirigen a las personas que los invocan en la lengua que le es propia a esta persona, es importante tener presente que ante el desconocimiento del idioma hebreo, la mejor forma de invocar a un ángel, es haciéndolo en el idioma propio de quien los invoca y con los nombres que los ángeles poseen en ese idioma.

Así como existen muchas personas que llevan nombres de ángeles como Miguel, Gabriel etc., existen ángeles que portan nombres de personas. La tradición considera que ciertos espíritus angélicos han decidido tomar los nombres de personas. Estos ángeles han pedido a Dios que les permita llevar el nombre de personas que han trabajado en vida en pos de la luz. Así es que existen ángeles que pueden ser llamados, por ejemplo, por el nombre de la Virgen María: Mariel; por el nombre de un santo como San Benito: Benitiel, etc. Esto que se dice para los ángeles y personas de luz se considera también para los de oscuridad. Las almas de las personas perversas se tornan en seres de oscuridad y pasan a ampliar las filas de los demonios. Estos son llamados "demonios suplementarios" ya que son almas incorporadas –siempre por decisión propia– a las fuerzas demoníacas[25]. Demonios y personas suelen, en muchos casos, llevar los mismos nombres. En torno a esto es que dice C. Agrippa: *"Los magos también consideran que las almas malas se transforman en demonios y se tornan dañinas como ellos; el testimonio del CRISTO es parecido cuando dice respecto de Judas Iscariote a sus discípulos: '¿No os elegí doce en total y uno de vosotros es el diablo?'. Por ello se los llama demonios suplementarios, porque proceden del número de almas humanas incorporadas en las centurias de los demonios. De alpapellí deriva que se dé a los hombres malísimos y a los demonios los mismos nombres, sea porque con estos nombres entendamos sus almas o los genios malos que tomaron los nombres de los hombres perversos, como si asumiesen el papel de un personaje cualquiera"*.

Por el nombre se define a un ser, se sabe "quién" es y por este mismo nombre se lo llama, se lo invoca. Por esto que es que un ser es "llamado" de un determinado modo. Cuando digo, por ejemplo "Juan", estoy determinando a quién me refiero y por este mismo nombre es que puedo llamarlo. Esto mismo ocurre con un ángel. Su nombre me indica quién es y cuáles son sus cualidades particulares. Para esto es sumamente eficaz conocer su nombre

---

25 En esta categoría podemos enmarcar a los "lémures", almas malignas que sin elevarse permanecen en nuestro plano para causar daño.

en hebreo y analizar las letras que lo componen, ya que estas nos aportan una noción de las cualidades del ángel en cuestión. Conocer las letras que configuran el nombre de un ángel nos permite adentrarnos en su esencia. En el nombre de cada ángel, en su sentido etimológico y en las letras que lo conforman, así como en los valores numéricos que se extraigan del mismo, se encuentra "cifrado" quién es y cuál es su virtud particular.

Para operar mágicamente con un ángel, junto a su nombre, es necesario conocer su oficio, los momentos y los lugares que rige.

Para determinar las características propias de un ángel según las letras que conforman su nombre se puede utilizar el método denominado "cábala tarótica", que implica reemplazar cada letra hebrea del nombre por el arcano del Tarot que le corresponde. No debemos subestimar el valor de los arcanos del tarot y su relación con las veintidós letras del alfabeto hebreo. Bien ha dicho E. Levi en su *Dogma y ritual de alta magia* que "*las 22 claves del Tarot son las 22 letras del alfabeto cabalístico primitivo...*".

Considerando las virtudes espirituales ocultas o cifradas en las escrituras sagradas, muchos nombres angélicos son extraídos de las mismas, por diferentes métodos propios de la cábala. Este es el caso de los comúnmente llamados "ángeles cabalísticos" o "ángeles de los quinarios", a los que nos hemos referido en el capítulo anterior. Estos son setenta y dos ángeles cuyos nombres están tomados de los versículos 19, 20 y 21 del capítulo XIV del libro del Éxodo del Antiguo Testamento. Cada uno de los tres versículos de este texto posee en idioma hebreo exactamente setenta y dos letras. Tomando la primera letra de cada versículo (el primero y el tercero de derecha a izquierda y el segundo de izquierda a derecha) se extraen setenta y dos nombres de Dios y, añadiéndole la terminación "Iah" (יה) o "El" (אל), se configuran los setenta y dos nombres de estos ángeles[26].

---

26 "*En el Éxodo hay cierto texto, que contiene tres versículos, cada uno de los cuales está escrito con 72 letras. Extendidos en una línea, a saber, el primero y el tercero de izquierda a derecha, y el del medio en sentido contrario, comenzando por la derecha para terminar la por izquierda, cada triplicidad de letras puestas unas después de otras constituyen los nombres que son los 72 nombres que los hebreos llaman Schemhamphoras;*

Suele ocurrir, como acontece también con las personas, que varios ángeles lleven el mismo nombre. En este caso, según la magia tradicional, está en la intención de quien invoca, cuál será el ángel invocado. Al respecto, esta es la opinión de C. Agrippa: *"Así como diversas personas llevan a menudo el mismo nombre, de igual modo los espíritus de diversas funciones y naturalezas pueden distinguirse por el mismo nombre y por un solo y mismo signo o carácter, no obstante con relación diferente; pues así como la serpiente lleva tanto el tipo del Cristo como del diablo, de igual modo los mismos nombres y los mismos signos se adaptan parejamente a un orden de demonios malos o de demonios buenos. En fin, la intención ferviente de quien invoca, por la que nuestro entendimiento se une a las inteligencias separadas hace que seamos escuchados, ora por un espíritu, ora por otro, siempre que se lo invoque bajo el mismo nombre".*

Todo nombre de un ángel deriva de un nombre de Dios y todos los nombres de los ángeles portan al final del mismo un nombre de Dios que se pronuncia juntamente al del ángel al final del mismo. Como dice C. Agrippa: *"Debemos saber, pues, que todo nombre de ángel debe provenir primero de un nombre de Dios; por ello se dice que los ángeles llevan el nombre de Dios, según lo escrito, 'porque mi nombre está sobre él'. Asimismo, para distinguir los nombres de los ángeles buenos respecto de los de los malos, por lo común se les pone al final un nombre de la omnipotencia divina, como El, On, Iah o Iod, y se lo pronuncia juntamente con él; y porque Iah es un nombre benéfico y Iod un nombre deífico, estos dos nombres sólo se unen a los de los ángeles; pero el nombre El, que significa fuerza y virtud, se une algunas veces con los espíritus malos, pues estos no pueden subsistir ni realizar nada sin la virtud de Dios".*

---

ras; y si se agrega al final de cada uno de estos nombres, el nombre divino "El", o "Iah", constituyen entonces los 72 nombres de tres sílabas de los ángeles, cada uno de los cuales lleva el nombre de Dios, como se lee en este pasaje de la Escritura: "Mi ángel marchará delante de vosotros, observadle, pues lleva mi nombre". Ellos son los que presiden sobre los 72 quinarios del cielo, en número parecido de naciones, lenguas y parte del cuerpo humano, y que cooperan con los 72 ancianos de la sinagoga y los 72 discípulos del CRISTO". C. Agrippa. Op.Cit. Libro III. Cap XXV.

Los nombres de los grandes arcángeles planetarios poseen todos la terminación "El", como Gabriel, Miguel, etc. Los ángeles de los quinarios culminan con los nombres "El" o "Iah", como Cahetel, Leuviah, etc. Otros, como Metatrón, llevan al final el nombre "On". Todos estos nombres aparecen al final de los nombres de los ángeles, salvo el nombre "El", que es también parte del nombre de determinados demonios, pues, según C. Agrippa: *"estos no pueden subsistir ni realizar nada sin la virtud de Dios".*

El nombre "El", que significa "fuerza y virtud de Dios", es portado por los ángeles ligados a la energía de la "severidad" y el nombre "Iah", al que C. Agrippa denomina como "benéfico", es propio de la "misericordia".

Más allá de los muchos y diferentes modos propios de la cábala de alcanzar el conocimiento de los nombres de los ángeles, no debemos olvidar ni descartar aquellos que se obtienen por o revelación o inspiración. Esto ocurre en especial en torno al ángel conocido como ángel de la guarda o ángel custodio personal, el cual, gracias al contacto frecuente con él y por medio de la plegaria y la invocación continua, suele aportar a su "custodiado" uno o más nombres por medio de los cuales invocarlo. La obtención de un nombre de nuestro ángel custodio se puede solicitar al mismo por medio de una ritualidad realizada específicamente para este fin. También suele ocurrir que este manifiesta un nombre a la persona que custodia durante el sueño, dando a esta un modo de llamarlo específico[27].

---

27 "Según la enseñanza tradicional, todos poseemos un ángel custodio, el cual nos asiste en nuestra encarnación actual. El papel que cumplen los ángeles custodios en nuestro desarrollo espiritual no puede ser comparado con el de ningún otro ser del mundo angélico. *Nuestro ángel custodio o ángel de la guarda pertenece a uno de los nueve coros de ángeles, precisamente el último. Esta condición se debe al hecho de que estos están más íntimamente ligados al mundo humano que los otros ocho coros. La tradición del hermetismo cristiano enseña que estos ángeles poseen cualidades muy diferentes a todos los demás, en especial la de ser, en alguna medida, femeninos. Esto se debe a que los ángeles custodios ejercen sobre sus protegidos un papel maternal. Así es que aquellas representaciones de ángeles en las que se los ve con características femeninas corresponden a ángeles de este coro. Esta condición de femineidad no va en detrimento del hecho de que todos los ángeles son 'andróginos', esto es, ni macho ni hembra sino ambas cosas, ya que en ellos lo masculino y femenino se encuentra equilibrado.*

Por medio de la práctica del método mágico llamado "calculatorio" y las llamadas "tablas tzerúficas", de los nombres de los ángeles se obtienen otros nombres angélicos que están en concordancia con los primeros. Estas tablas permiten extraer nombres de ángeles muy específicos y efectivos en la labor mágica. Las tablas de cálculos de nombres, que originalmente existen en hebreo, se pueden elaborar también en otros idiomas, respetando la estructura de los alfabetos sagrados que implica siempre trabajar en torno a un alfabeto de veintidós letras.

Otro método para obtener nombres específicos de determinados ángeles, es el que se logra trabajando sobre el mapa del cielo de una persona o un momento particular. Para esto se colocan de manera especial las veintidós letras del alfabeto hebreo en cada uno de los grados del zodiaco, luego dependiendo de la posición de los planetas u otros puntos de ese momento astrológico se extraen los nombres de ángeles específicos. Esta forma de trabajo permite obtener nombres de inmensa virtud mágica, la cual se basa especialmente en la vibración de los mismos nombres extraídos del cielo. Este método, propio de angelología astro/cabalística, junto al trabajo sobre las tablas Tzerúficas están desarrollados

---

Desarrollar una relación con nuestro ángel custodio debería ser la primera labor a realizar por quien quiera acercarse al mundo de los ángeles; de hecho, en torno al vínculo con ellos se ha forjado toda una práctica ritual en ciertas tradiciones mágicas...

Es muy importante comprender que el ángel de la guarda no puede ser 'llamado', que no debemos solicitar su presencia dado que él está siempre presente. Nuestro ángel puede ser 'invocado', lo que implica el solicitar su acción protectora sobre nosotros y nuestras obras. Sí es posible asimismo 'evocar' a nuestro ángel, a fin de hacer sensible su presencia. Esta es una práctica altamente recomendable, ya que a mayor conciencia de su presencia mayor es la capacidad de su asistencia. Existen para esto ejercicios de sensibilización los cuales permiten tornar perceptible la presencia del ángel.

Según nuestra experiencia personal y la de allegados a nosotros, podemos asegurar entre otras cosas: que el ángel de la guarda posee un rostro similar al nuestro y que uno de sus nombres suele ser el de algún 'amigo invisible' de nuestra infancia. El hecho de que nuestro ángel sea semejante en sus facciones y hasta en su voz a nosotros es una tradición muy antigua. Esto queda también atestiguado –por ejemplo– en el relato bíblico en el cual Pedro es confundido con su propio ángel.

La tradición religiosa le ha adjudicado un día al año, que es el 2 de octubre". F. Stiglich. *Manual de Alta Magia.* Cap IX.

en el capítulo 10, "El arte calculatorio y la angelología astro/ cabalística".

Los alfabetos sagrados

Y dijo Dios: Sea la Luz; y fue la luz. En el Génesis de Moisés, podemos notar cómo Dios ha creado todo por medio de su palabra. En el principio es el Verbo... reza el Evangelio de San Juan.

El "alefato"[28], las veintidós letras del alfabeto hebreo, en el texto cabalístico conocido como el Zohar, el libro del esplendor, dialogan con el Altísimo y este les adjudica un rol determinado en la creación. Como bien dice Papus: *"al ser cada letra un poder, está vinculada más o menos de cerca con las fuerzas creadoras del Universo"*.

Los alfabetos son la expresión terrestre de fuerzas celestes. Para las tradiciones espirituales, las letras están escritas en el cielo. Cada una de las letras es a su manera una "entidad" y está asociada a un ser de luz.

El poder supremo de las letras hebreas se encuentra en los Nombres Divino, los cuales "crean centros de fuerza". Como dice Papus: *"al ser cada letra una potencia activa, el hecho de combinarlas entre sí, de acuerdo a ciertas normas de carácter místico, crea verdaderos centros de fuerza efectiva, capaces de obrar de forma eficaz bajo la dirección de la voluntad humana"*. De hecho, toda la virtud espiritual de un talismán, radica en los nombres divinos inscriptos en él.

Para C. Agrippa *"el número 22 señala un gran fondo de sabiduría ya que hay 22 letras en el alfabeto hebreo y el Antiguo Testamento incluye 22 libros"*.

Podemos leer en el Sefer Yetzirah: *"Veintidós son las letras con las que Dios ha creado todo por medio de su Palabra... Dios las*

---

28 Al alfabeto hebreo se lo denomina "alefato" dado que el mismo comienza con la letra Aleph.

grabó, las talló, las pesó, las permutó y las combinó y formó con ellas
todo lo que fue formado y todo que se formaría en el futuro…".

La misma palabra "cábala" expresa esta idea asociada a la virtud de las veintidós letras del alfabeto. Según Saint-Yves d' Alveydre *"Ca–Ba–La significa el poder de los 22, puesto que (⊃) C = 20 y (⊠) B = 2".* En este sentido, la palabra cábala, quiere significar el poder de las veintidós letras o las veintidós letras de poder.

Las letras son energías vivas y están en íntima relación con el cielo. Ellas están escritas en el firmamento y aquellas que utilizamos en nuestra escritura son un reflejo de esas letras celestes.

Ya manifestamos en nuestro *Manual de alta magia* la opinión de E. Levy en relación a un origen celeste del alfabeto y su estrecho vínculo con los veintidós arcanos del Tarot, la cual replicamos aquí:

"Los antiguos, comparando la tranquila inmensidad del cielo, poblado todo él de inmutables luces, ajeno a las agitaciones y tinieblas de este mundo, han creído encontrar en el hermoso libro de letras de oro la última palabra del enigma de los destinos; entonces trazaron, imaginativamente, líneas de correspondencia entre esos brillantes puntos de escritura divina y dijeron que las primeras constelaciones detenidas por los pastores de la Caldea fueron también los primeros caracteres de la escritura cabalística.

Estos caracteres, manifestados, primero por líneas y encerrados luego en figuras jeroglíficas, habrían, según Moreau de Dammartin, autor de un tratado muy curioso sobre el origen de los caracteres alfabéticos, determinado a los antiguos magos de la elección de los signos del Tarot, que dicho sabio reconoce, como nosotros, como un libro esencialmente hierático y primitivo"[29].

---

29 Valga aquí aunque más no sea una pequeña referencia al Tarot, el cual es en sí mismo un alfabeto, por medio del cual también es posible "leer". Considerado por E. Levy un alfabeto jeroglífico y numeral, el Tarot es una expresión simbólica de las mismas letras hebreas con las que se encuentran emparentados cada uno de los veintidós arcanos mayores. Llamado el "libro de Toth", el "libro de Hermes", este aparente juego de naipes, es la versión del alfabeto hebreo y sus relaciones celestes y terrestres, según el saber de los grandes maestros del hermetismo medieval. Como dice Papus: *"combinar las letras del alfabeto hebreo equivale pues a mezclar ideas y números; de allí proviene el* Tarot".

El origen celeste de los alfabetos es manifestado claramente también por Martines de Pasqually "*los verdaderos judíos reconocían que el origen alfabético de su lengua procedía del cielo*".

Las relaciones entre las letras hebreas, los planetas y los signos han sido tratadas por los antiguos patriarcas hebreos y por los grandes magos antiguos.

Todas las lenguas proceden de una lengua única, aquella que la tradición ha llamado Adámica por ser la lengua con la que Adam nombró todas las cosas[30]. Esta lengua única es aquella que, según la tradición, era hablada por todos los hombres antes de Babel. Este lenguaje primordial fue asociado al idioma hebreo[31].

En nuestro *Manual de alta magia* hacemos referencia a esto: "Las letras, como el lenguaje mismo son sagradas, ya que su origen es divino. Según la tradición, existe una escritura primigenia la cual fue tomada de las estrellas. Este lenguaje es el hebreo; idioma primordial, el cual para C. Agrippa es el idioma que hablan los ángeles. Para C. Agrippa, la dignidad del idioma hebreo queda expresada en el hecho de que "*en este idioma Dios Padre entregó su ley a Moisés; asimismo, en este mismo idioma, el CRISTO, su hijo, predicó el Evangelio, y los profetas produjeron tantos oráculos por medio del Espíritu, Santo*". Otro factor determinante de la virtud sagrada del idioma hebreo es el hecho de que, como ya hemos dicho, aunque los espíritus de luz hablan a las personas a quienes se les manifiestan en su propio idioma, si esta persona sabe el hebreo,

---

30 "Jehová Dios formó, pues, de la tierra toda bestia del campo, y toda ave de los cielos, y las trajo a Adán para que viese cómo las había de llamar; y todo lo que Adán llamó a los animales vivientes, ese es su nombre". Génesis. 2, 19.

31 Saint-Yves manifiesta la existencia de un alfabeto de veintidós letras llamado Wattan *el cual parece remontarse a la primera raza humana.* Según el mismo autor, este alfabeto es aquel que *Moisés parece designar en el versículo 19 del capítulo II de su Sepher Barashith,* el versículo del génesis en el cual Dios invita a Adam a ponerle nombre a todas las cosas. Dice Saint-Yves que un *estudio atento me ha hecho descubrir que estas mismas letras son los prototipos de los signos zodiacales y planetarios, lo que es también de máxima importancia.*

Este alfabeto primordial se deriva de tan solo cinco figuras: el punto, la línea, el círculo, el triángulo y el cuadrado.

sólo se dirigirán a ella en ese idioma[32]. Dice C. Agrippa al referirse al idioma hebreo que *"cuando todas las lenguas están sujetas a tantas modificaciones y corrupciones, la hebrea permanece siempre inviolable"*. Esta condición de "permanencia inviolable" hace al sentido profundo del idioma y es un atributo más de la condición divina del idioma hebreo, el cual asimismo, no es identificado de manera inequívoca con el hebreo actual, el cual se encuentra, sí, desfigurado por la acción de la caída de Babel. No por nada, un hebraísta tradicional de la talla de, Fabre d'Olivet ha dicho: *"no intentamos hablar el hebreo, pero sí comprenderlo. Que tal o cual palabra se pronuncian de tal o cual manera en las sinagogas ¿qué nos importa? Lo esencial es saber lo que significa"*.

Para C. Agrippa *"las letras de cada lengua, en cuanto a número, orden y figura tienen origen celeste y divino"*. En la elaboración de talismanes utilizamos diversos modos de escritura y diversos alfabetos.

El tipo de escritura que se aplica en un talismán aporta una energía especial.

Debemos tener presente, estimado lector, que todos los idiomas poseen una raíz sagrada ya que derivan de un idioma único y pueden ser utilizados en la elaboración de talismanes y que por lo tanto, podemos trazar nuestros talismanes aplicando en ellos los nombres de Dios y de los ángeles en nuestro propio idioma. Asimismo, es necesario recalcar la idea de que todos los alfabetos sagrados poseen siempre una matriz de veintidós letras.

Aunque el idioma hebreo es el que aconsejamos utilizar en la elaboración de talismanes, no existe impedimento que implique la imposibilidad de utilizar algún otro idioma.

Cuando se realiza un talismán en el cual colocamos nombres de personas o lugares, debemos hacerlo en el idioma vernáculo de la persona para quien se elabora. Si el idioma que vamos a utilizar no es el hebreo, recomiendo la aplicación

---

32 *"Aunque todos los demonios o inteligencias en particular hablan el lenguaje de las naciones sobre las que presiden, sin embargo, a quienes conocen el hebreo no les hablan sino en este idioma"*. C. Agrippa.

del alfabeto "tebano", permutando las letras del alfabeto latino por estas. El alfabeto tebano nos permite trasladar las letras del alfabeto latino a una forma de escritura mágica. Es bueno y recomendable utilizar este alfabeto cuando debemos grabar o trazar en talismanes nombres propios o frases. Esto permite que la virtud del talismán esté más protegida y que quien pudiera leerlo que no fuera el destinatario del mismo va encontrar mayor dificultad para comprender lo que está allí escrito. Por otro lado, este alfabeto posee la fuerza propia de haber sido utilizado por los magos antiguos, lo cual realza la virtud de lo escrito. Por lo tanto, cada vez que se deba grabar en un talismán un nombre propio, sea de persona, de lugar o de un ángel, o escribir en un idioma que no sea el hebreo, es recomendable hacerlo con este alfabeto el cual, aunque atribuido a Honorio de Tebas, fue difundido por el gran mago cristiano el Abad Tritemo en su *Polygraphia* y difundido por C. Agrippa en su filosofía oculta.

Alfabeto Tebano

En el alfabeto tebano, las letras I y J, así como la U y la V llevan un mismo signo y no existe una grafía en el mismo para la letra Ñ, por esto, en las palabras donde se encuentra esta letra colocamos el signo de la N.

Cuando utilizamos nombres de ángeles en cualquier idioma que no sea el hebreo, podemos escribirlos en estos caracteres. Vemos aquí el nombre del ángel Orifiel, trasladado de la letras latinas al alfabeto tebano.

Orifiel en Tebano

ꙮ ꙮ ꙮ ꙮ ꙮ ꙮ ꙮ

En el caso de los nombres de Dios y los nombres de los ángeles en idioma hebreo y su aplicación en los talismanes, es aconsejable la utilización de los alfabetos mágicos conocidos como "malachim"[33], "pasaje de río" o "alfabeto celeste", de los cuales dice C. Agrippa: *"Entre los hebreos hay muchas clases de Caracteres, y una es antiquísima: se trata de la Escritura Antigua que emplearon Moisés y los profetas, que no debe ser revelada temerariamente a nadie, pues las letras hoy en día utilizadas fueron instituidas por Esdras. Entre ellos hay una escritura a la que llaman Celeste, pues explican que fue ubicada y figurada entre los astros, igual que los otros astrólogos obtienen las imágenes de los signos de los lineamientos de las estrellas. Hoy también otra escritura que llaman Malachim o Melachini, es decir, escritura de los ángeles, o real. Tienen otra que llaman Pasaje del río"*.

Cualquiera de estas formas de escritura puede aplicarse con gran virtud en la elaboración de talismanes.

Alfabeto celeste

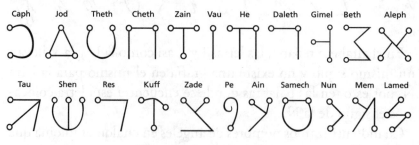

Caph	Jod	Theth	Cheth	Zain	Vau	He	Daleth	Gimel	Beth	Aleph

Tau	Shen	Res	Kuff	Zade	Pe	Ain	Samech	Nun	Mem	Lamed

---

33 El término "Malachim" deriva del del hebreo "Mal'ach", ángeles o mensajeros.

Alfabeto malachim

Pasaje de río[34]

En la magia talismánica es necesario conocer en especial los nombres de los ángeles que rigen los siete planetas, así como los ángeles de los doce signos y los setenta y dos quinarios del cielo, ya que de cada uno de ellos se puede elaborar un talismán.

A fin de favorecer el trabajo, damos a continuación los nombres de los ángeles de los planetas, los signos y las casas astrológicas, escritos en español y en hebreo y las letras que conforman los nombres en ese idioma. Los nombres de los ángeles de los setenta y dos quinarios se encuentran en hebreo y español en el capítulo 7.

---

34 Este alfabeto figura en la obra del rabino Abraham de Balmis, *Grammatica hebraea una cum latino*. Venecia. Siglo XVI. De esta forma de escritura dice C. Agrippa que "*los verdaderos caracteres de los cielos son la escritura de los ángeles, llamada entre los hebreos, escritura Malachim; con ella están escritas y significadas en los cielos todas las cosas para quien sepa leerlas*".

Los nombres de ángeles de los planetas que vemos en la siguiente tabla, son los utilizados en la magia cristiana, según la enseñanza del abad Tritemo.

Nombres de los ángeles planetarios en español y hebreo

Nombre	Hebreo	Letras hebreas	Planeta
Orifiel	עריפיאל	Ayin. Res. Iod. Pe. Iod. Aleph. Lamed.	Saturno
Zachariel	זכריאל	Zayin. Kaph. Res. Iod. Aleph. Lamed.	Júpiter
Sanael	סנאל	Samekh. Nun. Aleph. Lamed.	Marte
Miguel	מיכאל	Mem. Iod. Kaph. Aleph. Lamed.	Sol
Anael	אניאל	Aleph. Nun. Iod. Aleph. Lamed.	Venus
Rafael	רפאל	Res. Pe. Aleph. Lamed.	Mercurio
Gabriel	גבריאל	Gimel. Bet. Res. Iod. Aleph. Lamed.	Luna

En la tradición hebrea, estos mismos ángeles llevan otros nombres y sus adjudicaciones planetarias varían. Así es que al ángel de Saturno lo llaman Zaphkiel, al de Marte Camael, al del Sol Rafael, al de Venus Haniel, al de Mercurio Miguel, y al de la Luna Gabriel.

Los nombres de los ángeles de los signos y las casas astrológicas en español y hebreo

Nombre	Hebreo	Letras hebreas	Signo. Casas.
Malchidiel	מלכידאל	Mem. Lamed. Kaph. Iod. Dalet. Aleph. Lamed.	Aries. Casa I.
Asmodel	אסמודאל	Aleph. Samekh. Mem. Vav. Dalet. Aleph. Lamed.	Tauro. Casa II.
Ambriel	אמבריאל	Aleph. Mem. Bet. Res. Iod. Aleph. Lamed.	Géminis. Casa III.
Muriel	מוריאל	Mem. Vav. Res. Iod. Aleph. Lamed.	Cáncer. Casa IIII.

Nombre	Hebreo	Letras hebreas	Signo. Casas.
Verchiel	לאיכרו	Vav. Res. Kaph. Iod. Aleph. Lamed.	Leo. Casa V.
Hamaliel	המליאל	He. Mem. Lamed. Iod. Aleph. Lamed.	Virgo. Casa VI.
Zuriel	זוריאל	Zayin. Vav. Res. Iod. Aleph. Lamed.	Libra. Casa VII.
Barbiel	ברביאל	Bet. Res. Bet. Iod. Aleph. Lamed.	Escorpio. Casa VIII.
Advachiel	אדוביאל	Aleph. Dalet. Vav. Bet. Iod. Aleph. Lamed.	Sagitario. Casa IX.
Hanael	הנאל	He. Nun. Aleph. Lamed.	Capricornio. Casa X.
Cambiel	כאמביאל	Kaph. Aleph. Mem. Bet. Iod. Aleph. Lamed.	Acuario. Casa XI.
Barchiel	ברכיאל	Bet. Res. Kaph. Iod. Aleph. Lamed.	Piscis. Casa XII.

Como veremos en el capítulo 10 "El arte calculatorio", por medio de ciertas técnicas propias de la cábala angélica, se pueden obtener innumerables nombres angélicos. Estos nombres pueden ser aplicados en talismanes o utilizados en ritualidades mágicas.

CAPÍTULO 9

Las rúbricas de los ángeles

Las firmas de los ángeles

Dice Papus: *"Cuando se presenta un pentagrama o una potencia astral que esté en condiciones de poder verlo, gracias a los fluidos vitales terrestres, dicha entidad es impresionada por la figura pentagramática, con tanta fuerza como si tuviera ante sí un hombre de poderosa voluntad, y esto ocurre porque la percepción es la misma en ambos casos, dado que en la astral esfera no se percibe más que esquemas sintéticos. Tal es el origen de los raros signos, a los que se denomina signaturas planetarias o angélicas que se ven representados en la mayoría de los talismanes, y son condensaciones sintéticas de leyes morales de la más alta importancia...".*

Según lo enseña la tradición mágica, los espíritus invisibles perciben nuestro mundo material de una manera diferente a la nuestra. Ellos (en especial los elementales, los espíritus de la naturaleza) captan, más que los objetos en sí mismos, la fuerza energética y espiritual de estos. Los objetos elaborados de manera ritual o que han sido realizados de manera amorosa, con esmero y con materiales nobles, vibran de un modo más alto que aquellos que, aun siendo idénticos en su forma, fueron elaborados de manera industrial o con material innobles. Una medalla bendecida, un talismán elaborado ritualmente y con los materiales apropiados, en el cual se han grabado los signos adecuados y se lo ha consagrado debidamente, posee una fuerza y una virtud en el astral sumamente alta. Los nombres de Dios y de los ángeles impresos en los talismanes ejercen una gran influencia en lo invisible. Todas las palabras tienen un cierto poder, pero los "nombres divinos" poseen el mayor poder de todos. Los nombres angélicos son asimismo sumamente poderosos.

Si hay algo que define y expresa la virtud de un ángel es su nombre. Como ya lo hemos expresado, en el nombre de un ángel se encuentra cifrado todo lo que podemos saber sobre él. Para poder distinguir las características de un ángel según su nombre debemos guiarnos por el sentido etimológico y por las letras que lo configuran. El nombre de un ángel es una "clave", una "llave" que me permite, no solo invocarlo, sino también conocerlo. En la elaboración de talismanes es sumamente importante conocer el nombre de los ángeles que corresponden a cada talismán y dibujar en ellos sus "rúbricas", las cuales son, de algún modo, la firma del ángel, su sello personal, y dado que cada ángel es diferente sus rúbricas también los son.

Una de las maneras de acceder a las rúbricas angélicas es por medio de la aplicación de los nombres de los ángeles sobre los cuadrados mágicos de los planetas y por medio de la tabla denominada "Aiq becar".

Las rúbricas de los ángeles según los cuadrados mágicos de los planetas

Una de las maneras de elaborar las rúbricas de los ángeles es aplicando sus nombres sobre los cuadrados mágicos de los planetas, siguiendo determinadas reglas cabalísticas. Para trazar una rúbrica angélica sobre un cuadrado mágico es necesario ir delineando el nombre de la entidad sobre el cuadrado mismo, relacionando las letras hebreas que lo conforman con sus valores numéricos. Para esto, debemos llevar primeramente las letras hebreas que componen el nombre a sus valores numéricos. Una vez realizado esto, tendremos que ubicar los números extraídos del valor de las letras hebreas del nombre en el cuadrado mágico elaborado en números latinos del planeta sobre el que deseamos trabajar. Si alguna de las letras hebreas del nombre no se encontrara en el cuadrado, por ser demasiado alto su valor, se debe reemplazar por el mismo número quitándole un cero. De este modo, si por ejemplo, el nombre del ángel sobre el que queremos trazar la rúbrica llevara la letra hebrea Resh, cuyo valor es 200 y el cuadrado mágico sobre el cual lo hacemos fuera el de la Luna cuyo valor más alto es 81, debemos reemplazar en el cuadrado el número 200, que no se encuentra en el cuadrado, por el número 20, que sí está presente en el mismo.

A continuación veremos la tabla de relaciones entre las letras hebreas y sus valores numéricos.

Letras hebreas y sus valores numéricos

Nombre	Letra	Valor
Aleph	א	1
Bet	ב	2
Gimel	ג	3
Dalet	ד	4
He	ה	5
Vav	ו	6
Zayin	ז	7
Het	ח	8
Tet	ט	9
Iod	י	10
Kaph	כ	20
Lamed	ל	30
Mem	מ	40
Nun	נ	50
Samekh	ס	60
Ayin	ע	70

Nombre	Letra	Valor
Pe	פ	80
Tsade	צ	90
Qoph	ק	100
Resh	ר	200
Shin	ש	300
Taw	ת	400

A modo de ejemplo, veamos cómo elaborar la rúbrica del ángel Sanael sobre el cuadrado mágico de Marte.

El nombre del ángel Sanael (סנאל) en hebreo se escribe con las letras cuyos valores numéricos son los siguientes:

Samekh (60) Nun (50) Aleph (1) Lamed (30)

Comenzaremos dibujando un pequeño círculo en la casilla correspondiente al valor numérico de la letra Samekh, primera letra del nombre Sanael. Dado que el cuadrado de Marte posee solamente 25 casillas y el número 60 no se encuentra en el mismo, debemos reducir este número quitándole un cero, por lo que nos queda el valor 6. Desde allí debemos trazar una línea recta hacia la casilla correspondiente al valor numérico de la letra Nun, segunda letra del nombre Sanael cuyo valor es 50. Dado que el número 50 no se encuentra tampoco en este cuadrado mágico, debemos reducir aquí también este número quitándole un cero, por lo que nos queda el valor 5. Desde esta casilla trazamos una línea recta hasta la casilla correspondiente a la letra Aleph, cuyo valor es 1. Desde allí trazamos una línea hasta llegar a la casilla ligada a letra Lamed, última letra del nombre, sobre la que se dibuja, al igual que en la primera letra, un círculo. Dado que la letra Lamed tiene el valor 30 y este número no se encuentra en el cuadrado mágico de Marte, debemos reducir aquí también el número quitándole un cero por lo que nos queda el número 3. De esta manera, tenemos trazada la rúbrica del ángel Sanael cuya imagen podemos ver aquí trazada en el cuadrado mágico de Marte.

Rúbrica del ángel Sanael sobre cuadrado mágico de Marte

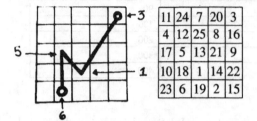

11	24	7	20	3
4	12	25	8	16
17	5	13	21	9
10	18	1	14	22
23	6	19	2	15

Verificaremos estimado lector este mismo procedimiento trazando sobre el cuadrado mágico de Júpiter el nombre del ángel Zachariel (זכריאל) regente de este mismo planeta, el cual se escribe en hebreo con las siguientes letras y cuyos valores numéricos son los que vemos a continuación:

Zayin (7) Kaph (20) Resh (200) Iod (10) Aleph (1) Lamed (30)

Comenzando por la casilla donde se encuentra la letra hebrea Zayin, primera letra del nombre del ángel Zachariel, cuyo valor numérico es 7, realizaremos un pequeño círculo, luego trazamos una línea hasta la casilla que corresponde a la letra Kaph cuyo valor es 20. Como en el cuadrado de Júpiter no está presente el número 20 lo reduciremos a 2.

Dado que la tercera letra del nombre del arcángel Zachariel es Resh, cuyo valor es 200, número que tampoco se encuentra en este cuadrado, debemos reducirlo hasta el número 2 y dirigirnos a la casilla de valor 2, la cual es en este caso la misma en la que nos encontramos en la segunda letra ya vista, la Kaph. Cuando dos letras que se suceden se ubican en la misma casilla de un cuadrado, se realiza un signo en forma de zigzag que lo indica, tal como lo vemos aquí (señalado por la fecha) en la rúbrica de la inteligencia de Saturno.

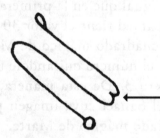

Desde esta casilla, nos dirigiremos trazando una línea a la casilla referida a la letra Iod cuyo valor es 10, continuando por la casilla de valor 1 ligada a la letra Aleph y culminando con la casilla de valor 3 ya que no hay casilla de valor 30 para figurar la letra Lamed.

Como en todos los casos dibujaremos en la primera y última casilla un pequeño círculo.

De este modo, la rúbrica del arcángel Zachariel sobre el cuadrado de Júpiter es la siguiente.

Rúbrica del angel Zachariel sobre cuadrado mágico de Júpiter

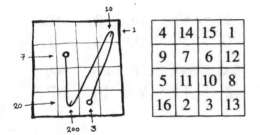

4	14	15	1
9	7	6	12
5	11	10	8
16	2	3	13

Las rúbricas pueden extraerse de todos los nombre angélicos, sean estos los ángeles planetarios, los setenta y dos ángeles de los quinarios, etc. La única condición para esto es poder discernir con claridad sobre cuál cuadrado mágico y con cual planeta vamos a operar.

El modo correcto de operar implica trabajar siempre la rúbrica de un ángel sobre el cuadrado mágico del planeta al que está ligado. De este modo –como hemos visto más arriba– la rúbrica del ángel de Marte, Sanael, se traza sobre el cuadrado de ese planeta. Lo mismo con el ángel de Júpiter, Zachariel, cuya rúbrica la hemos obtenido del cuadrado de Júpiter. En el caso de los ángeles de los quinarios, debemos observar cuál es el planeta regente de aquel con el que deseamos operar y trazar la rúbrica sobre el cuadrado de ese planeta.

Es sumamente efectivo, al realizar un talismán, inscribir las rúbricas de los ángeles cuyos nombre figuran en él; incluso es posible obviar el nombre y colocar solo la rúbrica, ya que esta, como ya lo hemos dicho, puede ser considerada "la firma del ángel".

Las rúbricas angélicas elaboradas a partir de los cuadrados mágicos pueden ser realizadas no solo tomando los nombres de los ángeles en hebreo sino también en español u otros idiomas. Para esto podemos seguir el mismo criterio explicado hasta aquí, utilizando las siguientes relaciones entre números y letras. Este sistema de relaciones es el aplicado por C. Agrippa para elaborar una carta numerológica.

1.	2.	3.	4.	5.	6.	7.	8.	9.
A.	B.	C.	D.	E.	F.	G.	H.	I.
10.	20.	30.	40.	50.	60.	70.	80.	90.
K.	L.	M.	N.	O.	P.	Q.	R.	S.
100.	200.	300.	400.	500.	600.	700.	800.	900.
T.	V.	X.	Y.	Z.	I.	V.	HI.	HU.

Aiq Becar o sistema cabalístico de las nueve cámaras

Otra forma difundida por C. Agrippa y ampliamente aplicada por los magos tradicionales para elaborar las rúbricas de los ángeles es utilizando la tabla conocida como Aiq Becar o sistema cabalístico de las nueve cámaras, el cual permite obtener nueve tipos de caracteres, los cuales, unidos en una sola figura, generan la rúbrica.

Para diseñar una rúbrica según esta tabla debemos buscar en cada una de las nueve cámaras de la misma las letras hebreas que conforman el nombre y diseñar la rúbrica uniendo los caracteres en un solo dibujo.

Según este sistema, cada una de las nueve casillas que configuran la tabla se relaciona con tres letras hebreas y sus valores numéricos de este modo:

Aiq Becar o sistema cabalístico de las nueve cámaras

Las letras que se encuentran a la derecha de cada una de las nueve cámaras son aquellas cuyos valores numéricos en hebreo corresponden a unidades, todas las del centro a decenas y las de la izquierda a centenas.

Dado que cada una de las nueve cámaras corresponde a tres letras hebreas, se suele identificar cada una de ellas, colocando uno, dos o tres puntos sobre el caracter, cuando estas letras poseen el valor numérico de unidad, decena o centena. Una vez elaborada la rúbrica los puntos son obviados y no se dibujan en la misma.

Aquí vemos, tomada de la *Filosofía oculta* de Cornelio Agrippa, la rúbrica nombre del Arcángel Miguel según el sistema Aiq Becar.

Rúbrica del arcángel Miguel por medio de Aiq Becar

El nombre Uriel se escribe con las siguientes letras hebreas Aleph, Vav, Resh, Iod, Aleph y Lamed, las cuales ubicadas en sus respectivas cámaras y unidas según el arte de la construcción de estas rúbricas, nos da la siguiente grafía.

Rúbrica del arcángel Uriel por medio de Aiq Becar

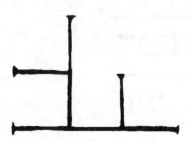

Similar al sistema de las nueve cámaras es el "alfabeto masónico", el cual permite escribir textos de manera cifrada, reemplazando las letras por los caracteres que configuran las casillas que les corresponden, aplicando en algunos casos un punto.

Alfabeto masónico

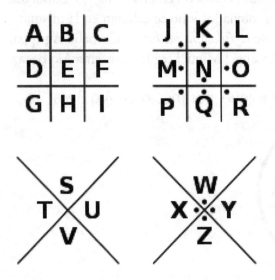

A su manera, las "joyas" utilizadas en la masonería pueden considerarse auténticos talismanes, en especial cuando estas son elaboradas y consagradas de manera ritual. Como dice E. Levy, *"Las cruces de honor y otras condecoraciones análogas son verdaderos talismanes que aumentan el valor o el mérito personales. Las distribuciones solemnes que de ellos se hace son equivalentes a las consagraciones. La opinión pública les da un prodigioso poder. No se ha advertido bien la influencia recíproca de los signos sobre las ideas y de estas sobre aquellos…".*

Al elaborar un talismán, podemos inscribir en él los nombres de los ángeles, sus rúbricas o ambos conjuntamente. Dado que las rúbricas son más sencillas de trazar o dibujar, estas pueden reemplazar el nombre del ángel sin que el talismán pierda cualidades energéticas, ya que, como lo hemos dicho más arriba, la rúbrica es la firma del ángel. La misma es la expresión de un nombre en una sola grafía.

Las rúbricas de los ángeles pueden realizarse también uniendo todas las letras que configuran un nombre, realizando un solo trazo. Esto nos permite elaborar una rúbrica con los nombres de los ángeles en cualquier tipo de idioma.

Vemos aquí la rúbrica del nombre "Anael" en español.

Rúbrica del arcángel Anael en letras latinas

En el próximo capítulo, dedicado al "arte calculatorio", veremos cómo, por medio el uso de las "tablas de permutación" y otras técnicas propias de la cábala, podemos a partir de los nombres de los ángeles, extraer los nombres de otros ángeles con el fin de que nuestros talismanes posean una mayor virtud y fuerza mágica.

CAPÍTULO 10

El arte calculatorio y la angelología astro/cabalística

En la mágica tradicional y en la magia talismánica, se utilizan técnicas propias de la angelología astro/cabalística que permiten extraer nombres de ángeles muy específicos tomados del mapa del cielo de una persona o un momento astrológico determinado. Estas formas de cálculo nos dan la posibilidad de poder saber cuál es el ángel que opera en un momento preciso, cuál es su nombre y por medio del mismo conocer sus características particulares. De esta manera, disponiendo del mapa natal de la persona para quien se elabora un talismán, se puede imprimir en el mismo los nombres de sus ángeles personales, lo cual transforma al talismán en un elemento mágico mucho más eficaz que si el mismo llevara inscripto solamente los nombre generales de los ángeles.

Junto a estas formas de cálculo basadas en el estudio del cielo, se utilizan también las llamadas "Tablas de cálculo cabalístico" o "Tablas Tzerúficas". Estas tablas permiten extraer del nombre de un ángel, los nombres de otros ángeles que trabajan en concordancia con el primero en una labor determinada. La aplicación de estos nombres en los talismanes permite elevar su vibración y acrecentar inmensamente sus virtudes, ya que cada uno de estos ángeles posee cualidades muy específicas[35].

Cálculos de nombres angélicos según la disposición de los cuerpos celestes

Esta técnica calculatoria nos aporta la posibilidad de discernir el nombre exacto de un ángel según la disposición de los planetas en el cielo.

En el momento que se inicia una obra, el mapa del cielo de ese instante nos indica las cualidades de la misma. Si podemos disponer del nombre del ángel que rige en ese momento, logramos por su intermedio dirigir, ordenar y proteger las energías de esa obra, ya que este ángel es "director" de la misma. Dice C. Agrippa: *"Los antiguos magos nos legaron el arte de hallar el Nombre del Espíritu que deberá ser invocado para realizar el efecto deseado; como, por ejemplo, si teniendo delante una determinada armonía celeste para fabricar una imagen, un anillo o para toda otra operación, trabajando bajo tal constelación, se desea hallar el espíritu director de esa operación".*

Una de las cualidades mágicas de estos nombres radica en que los mismos son una expresión de las virtudes de ese momento del cielo y de la obra vinculada a esa constelación. Otra de las propiedades de un nombre angélico tomado de un mapa del cielo, es el hecho de que el mismo es irrepetible, único y específico. Esto hace que, aplicado por ejemplo en un talismán, el mismo no pueda ser contrarrestado por energías negativas, ni pueda ser desarticulado por brujería, ya que es una regla de la magia, que no puede ser dañado aquello que se desconoce. Para que esta virtud mágica no pueda ser anulada por energías negativas es necesario que no se revelen a nadie estos nombres.

---

35 Todas estas técnicas de cálculo han sido ampliamente desarrolladas y difundidas por C. Agrippa en su *Filosofía oculta*.

Según los expresa claramente C. Agrippa, estos nombres angélicos son más fuertes que los nombres que comúnmente conocemos de los ángeles, ya que los mismos están en armonía con el cielo. Aunque estos nombres parecen no poseer un significado que podamos comprender, ellos son sumamente efectivos en toda obra mágica, razón por la cual al escribirlos en talismanes, realzamos ampliamente su cualidad mágica y su eficacia. C. Agrippa nos enseña que "*estos nombres así dispuestos según los números proporcionados por el cálculo de los astros, compuestos de letras juntas y alternadas, pero de sonido y significado desconocidos, deben tener según los principios secretos de la filosofía, declarémoslo, más fuerza en obra mágica que los nombres significativos, cuando el espíritu estupefacto por su enigma y concentrado con toda la fuerza de su pensamiento, creyendo firmemente que recubren una cosa divina, hace resonar estas palabras y estos nombres con reverencia aunque no los comprenda, para gloria de la divinidad, prosternándose cautivo en el afecto espiritual de la piedad*".

Por medio de este arte calculatorio, podemos extraer el nombre de un ángel regente de un momento puntual en el cual comenzamos una obra. Este ángel será de esta manera el espíritu director y protector de la misma.

Para poder calcular un nombre angélico según la disposición de los astros en el cielo en un momento dado, debemos primeramente disponer del mapa del cielo de ese momento en particular. Los puntos del mapa del cielo que debemos tener en cuenta para poder realizar el cálculo son: la posición del Ascendente y de los siete planetas tradicionales. Una vez determinado el mapa del momento astrológico sobre el cual se realizará el cálculo, se debe colocar a partir del Ascendente, en cada uno de los grados del mapa, en sentido antihorario, las veintidós letras del alfabeto hebreo, ocupando los trescientos sesenta grados del zodíaco. Las letras se colocan en el orden del alfabeto, comenzando en el grado del ascendente. El alfabeto se repite así, hasta cubrir todos los grados del mapa. De esta manera, a cada uno de los grados del cielo les corresponde una letra hebrea. La primera letra desde el ascendente será siempre la letra Aleph, ya que esta es la primera letra del alfabeto hebreo.

Una vez que hemos colocado las letras en orden en todos los grados desde el ascendente, debemos ubicar cada uno de los siete planetas en los grados correspondientes del zodiaco en los cuales se encuentran en el mapa del cielo que estamos utilizando. De esta manera, cada uno de los planetas caerá en un grado que posea una letra hebrea. Con estas mismas letras podremos confeccionar el nombre del ángel que rige el momento elegido.

Existen varias maneras de configurar un nombre angélico dependiendo del orden que se les dará a las letras.

*Una de las maneras de configurar el nombre angélico, es tomando las letras relacionadas con los siete planetas y ordenarlas, en el siguiente orden: Saturno, Júpiter, Marte, Sol, Venus Mercurio y Luna.

*También podemos configurar el nombre, colocando las letras en el orden de los planetas según estos se ubican en el mapa del cielo, comenzando desde el más cercano al ascendente y siguiendo en orden hasta el más alejado, siguiendo el sentido de los signos.

*Otra forma de hacerlo es tomando en primer lugar el planeta con mayor dignidad celeste siguiendo las reglas clásicas de la astrología y ubicarlos todos en orden hasta culminar con el de menor dignidad. En este caso, aunque las letras del nombre angélico sean las mismas, el orden en que se ubican en el nombre es distinto.

*Otra manera de obtener un nombre según este sistema implica tomar las letras que se ubican en los puntos del mapa del cielo sobre que se va a trabajar en una obra mágica, seleccionando aquellos que resultan adecuados a la obra sobre la cual queremos operar. Podemos, asímismo, configurar el nombre angélico, tomando solamente las letras relacionadas con aquellos planetas que se encuentran en el cielo con ciertas dignidades, evitando asimismo los planetas que se encuentran en una mala posición astral o con malos aspectos. El nombre del ángel que obtendremos de este modo, nos permitirá identificar y operar con aquellas fuerzas más efectivas y benéficas para la obra a realizar.

*Aplicando esta técnica propia de la angelología astro/cabalística podemos calcular el nombre del ángel que se obtiene observando las letras hebreas donde se ubican los siete planetas del mapa del cielo de nuestro nacimiento. Este ángel, al poseer las letras de los siete planetas de nuestro mapa natal, sintetiza la totalidad de nuestras energías personales. *El nombre angélico, obtenido de este modo, es una expresión cifrada de nuestras propias potencias particulares, de las cuales este ángel es director.* Estos temas ligados a nuestros ángeles personales, serán desarrollados en el capítulo siguiente.

Podemos también por este medio, determinar el nombre del ángel que rige un día sagrado en particular. De esta manera lograremos descifrar por medio de la posición de los astros en el cielo, el nombre del ángel de la Navidad, de la Pascua, etc. Dado que cada año los planetas se encuentran en diferentes lugares del cielo, los nombres de los ángeles difieren de un año otro.

Ya que para la magia crística, el día comienza al amanecer, si observamos el mapa del cielo que se configura en el amanecer de un día cuya virtud espiritual es de importancia, obtendremos el nombre del ángel que guía esas fuerzas espirituales en ese día y lugar. Así podemos acceder al nombre del ángel de la Navidad, de la Pascua o de cualquier otra fiesta de cada año en particular. Para esto, debemos realizar el cálculo del nombre, tomando el mapa del cielo de ese día en el momento en el que el Sol está ubicado en el mismo grado del ascendente.

Todos estos nombres deben escribirse de derecha a izquierda, tal como se escribe en el idioma hebreo[36].

En todos los casos es necesario colocar al final del nombre del ángel la terminación "El" (אל) o "Iah" (יה)[37]. Aunque en principio cualquiera estas dos terminaciones pueden ser utilizadas indistintamente, lo ideal es aplicar una de ellas teniendo presente que la terminación "El" es apropiada cuando se desea trabajar con

---

36 Es importante tener presente que en todas las técnicas calculatorias, solamente se utilizan las veintidós letras del alfabeto hebreo conocidas como "madres", "dobles" y "simples" y no se utilizan las cinco letras hebreas denominadas "finales". Esta regla se aplica tanto en las técnicas calculatorias realizadas sobre un mapa del cielo como en aquellas que se realizan por medio de las tablas Tzerúficas que veremos más adelante.

37 Ver capítulo 8. "Los nombres de los ángeles".

ángeles ligados a la "severidad" y la culminación "Iah" con aquellos ligados a "misericordia"[38].

Este tipo de trabajo puede realizarse también con letras latinas. Si queremos obtener los nombres de los ángeles de un momento astrológico en letras latinas, debemos realizar el cálculo de igual manera que lo hacemos con las letras hebreas, colocando las letras del *alfabeto latino de veintidós caracteres* comenzando por la letra "A". Al final del nombre, debemos colocar las culminaciones "El" o "Iah" escritas en letras latinas.

Cálculos de nombres angélicos según las "Tablas Tzerúficas"

Las tablas Tzerúficas son un verdadero tesoro de la angelología astro/cabalística. Las mismas son de mucha utilidad en la práctica mágica ya que por su intermedio se logra obtener nombres de ángeles muy específicos. La aplicación de estos nombres en los talismanes permite que estos se tornen inmensamente más efectivos para aquellas obras o personas sobre la que se desee que tengan efecto.

Por medio de las tablas Tzerúficas se logra extraer del nombre de un ángel determinado, los nombres de otros ángeles, los cuales operan con el primero en una obra específica. Así es que de un nombre se extrae otro nombre que está en relación directa con el primero. De este segundo nombre se puede obtener un tercero y así sucesivamente. Tal como lo enseña C. Agrippa, los nombres de estos ángeles poseen una virtud similar a la de una lupa que proyecta la luz solar concentrándola en un punto[39].

---

38 Aunque es un tema que supera el enfoque de este libro, podemos tener presente que también es posible determinar cuál de estas dos terminaciones aplicaremos en el nombre del ángel realizando un estudio numerológico del nombre a fin de verificar cual es más acorde a la obra sobre la que deseamos operar y sobre la cual deseamos realizar un talismán.

39 Dice C. Agrippa que estos nombres *"son de gran eficacia, igual que los rayos del sol concentrados en un espejo cóncavo queman muy ardientemente cuando el sol solo calienta mediocremente".*

Existen en principio, según el trabajo de C. Agrippa, dos tablas Tzerúficas: una para los siete planetas y otra para los doce signos, la cual se utiliza también para operar sobre las doce casas astrológicas y sus áreas de vida[40].

Todas las tablas poseen veintidós líneas ligadas a las veintidós letras del alfabeto hebreo, las cuales están inscriptas en una columna externa a la tabla comenzando de arriba hacia abajo según el orden del alfabeto hebreo[41].

La tabla de los planetas está compuesta por siete columnas en las cuales se ordenan los siete planetas según el orden que se les adjudica en la magia tradicional: Saturno, Júpiter, Marte, Sol, Venus, Mercurio y Luna. La tabla de los signos lleva doce columnas sobre las que se inscriben los doce signos de Aries a Piscis. Todas las tablas deben comenzar indefectiblemente con la letra hebrea Aleph y culminar con la letra Tau.

Para extraer o "derivar" del nombre de un ángel un nuevo nombre, es necesario tomar cada una de las letras que lo conforman y ubicarlas en la columna externa, donde se encuentran las veintidós letras hebreas inscriptas de arriba hacia abajo. Una vez realizado esto, se busca en la columna del planeta o el signo sobre el que se desea "derivar" el nombre, cuál es la letra que se encuentra allí. De esta manera, iremos permutando una letra por otra hasta configurar el nuevo nombre. Al finalizar debemos agregar al nombre extraído las terminaciones "El" o Iah", respetando la que se encuentre en el nombre primario sobre el cual hemos realizado la derivación. Si el nombre sobre el cual trabajamos culmina con "El", como en el caso de Gabriel, los nombres derivados del mismo deben culminar con "El". Si el nombre culmina con "Iah", como ocurre con el ángel Imamiah, los nuevos nombres derivados de este deben también llevar la terminación "Iah".

Veamos a continuación algunos de los modos en que pueden ser aplicadas las Tablas Tzerúficas en la elaboración de talismanes.

---

40 Sobre el diseño de estas tablas se pueden elaborar otras como puede ser la de los cuatro elementos.

41 En las tablas no se utilizan las cinco letras hebreas llamadas "finales".

Sutilización y elevación vibracional de las energías planetarias

Podemos utilizar las Tablas Tzerúficas con el fin de sutilizar, dinamizar y elevar las energías de los talismanes planetarios. Para esto, debemos tomar el nombre del ángel regente del planeta y derivarlo en la columna de la Tabla Tzerúfica de los Planetas en la columna del planeta logrando obtener un nombre nuevo.

De este modo, podemos, por ejemplo, tomar el nombre del ángel Rafael, regente del planeta Mercurio y derivar su nombre en la columna de Mercurio de la tabla de los planetas. De este modo, del nombre del arcángel Rafael (רפאל) obtendremos el nombre del ángel (זחאל) el cual opera junto a Rafael en las obras de Mercurio. Al hacer esto, estamos llevando la energía del planeta Mercurio a un nivel vibracional más elevado y específico, en el cual la energía del planeta se dinamiza a fin de que esta penetre en quien lo porte por medio del talismán en el cual esté inscrito, en umbrales de conciencia y energía más sutiles. Esta labor puede ser realizada con talismanes de los siete planetas, respetando siempre los tiempos astrológicos adecuados.

Aunque en principio, para tener un resultado eficaz alcanza con realizar este procedimiento una sola vez disponiendo así de dos nombres, el mismo se puede realizar nuevamente, entrando por la columna del mismo planeta este segundo nombre a fin de obtener un tercero, el cual lleva en sí la impronta, el sello y la virtud de los anteriores. La cantidad de veces que este procedimiento puede realizarse depende de los números sagrados, el planeta o el signo con el cual se está operando. Respetando las relaciones de los planetas con los números tal como los encontramos en los cuadrados mágicos, podemos realizar este procedimiento: tres veces para Saturno, cuatro para Júpiter, cinco para Marte, seis para el Sol, siete para Venus, ocho para Mercurio y nueve para la Luna[42].

---

42 Ver capítulo "Los cuadrados mágicos"

En caso de derivar del nombre angélico primario un solo nombre, debemos inscribir en el talismán a realizar los dos nombres. Si fueran más de uno, alcanza con colocar en el mismo tan solo el primero y el último nombre.

Aplicación de las energías planetarias en áreas específicas de vida

Otra forma de aplicación de las Tablas Tzerúficas en la elaboración de talismanes se basa en la posibilidad de aplicar y dirigir la energía de un planeta sobre una obra específica. Para esto podemos tomar el nombre del ángel de un planeta y derivarlo en la tabla de los Signos y las Casas Astrológicas, a fin de que esa energía planetaria opere específica y puntualmente sobre el área de ese signo o esa casa en particular.

Podemos elaborar, por ejemplo, un talismán de la Luna que sea específicamente eficaz para las obras de prosperidad y abundancia que son las de la casa dos astrológica. Para esto, tomaremos el nombre del ángel Gabriel, regente de la Luna y derivaremos su nombre en la columna de la "casa dos" en la tabla de las doce casas astrológicas. De este modo, del nombre Gabriel (גבריאל) obtendremos el nombre del ángel (דניתאל) que opera con el ángel Gabriel en esta área específica de vida.

Las áreas de vida de las doce casas astrológicas, según la astrología tradicional son las siguientes:

- Casa I: Para operar sobre la persona en su totalidad, su cuerpo físico. Protecciones.
- Casa II: Bienes y patrimonio. Abundancia, prosperidad.
- Casa III. Pequeños viajes, papeles, comunicación, hermanos, comercio.
- Casa IV. El hogar, la casa, los familiares, los padres.
- Casa V: Los hijos, el arte, el esparcimiento. Alegría.
- Casa VI: el trabajo, la salud, las personas que trabajan para uno, los animales domésticos.

- Casa VII: El matrimonio, las sociedades, juicios, pleitos.
- Casa VIII: Las herencias, dinero de jubilaciones y pensiones, la sexualidad.
- Casa IX: La espiritualidad, los largos viajes, estudios.
- Casa X: El ascenso social, logros, los superiores. Protecciones.
- Casa XI: Los amigos, los favorecedores.
- Casa XII: Las enfermedades, los enemigos ocultos. El servicio. Sanación.

Para operar con las tablas de los signos y las casas, debemos tomar el nombre de un ángel específico y derivarlo en la tabla de la casa sobre la cual deseamos trabajar a fin de que la virtud de este ángel se manifieste en esa área de vida en particular. De este modo, por ejemplo, un talismán de Venus en el cual el nombre del ángel de este planeta, Anael, se deriva sobre la casa astrológica II que es la de los bienes, hará que este talismán sea sumamente más específico para adquirir prosperidad. Si este este mismo nombre (Anael) fuera derivado en la tabla de la casa VII que es la de los vínculos de pareja, el talismán así elaborado poseerá el poder de favorecer a quien lo porte en su vida afectiva.

Tablas Tzerúficas en hebreo

A continuación veremos las tablas de los planetas y las de los signos y las casas astrológicas en hebreo tomadas de los textos de C. Agrippa y a continuación las mismas tablas con los nombres de las letras hebreas en español, a fin de facilitar su aplicación[43].

---

43 En las tablas elaboradas por C. Agrippa, podemos notar que del lado derecho de las mismas figura la inscripción "línea de los buenos" y en la izquierda "línea de los malos" ya que, según el maestro alemán, derivando los nombres de los ángeles desde la columna izquierda se puede obtener nombres de entidades negativas.

Tabla tzerúfica de los planetas en hebreo

(Tomadas de C. Agrippa)

	☽	☿	♀	☉	♂	♃	♄	Línea de los Buenos
ת	ז	ו	ה	ר	ז	ב	א	א
ש	נ	מ	ל	כ	י	ט	ה	ב
ר	ש	ר	ק	צ	פ	ע	ס	ג
ק	ו	ה	ד	ז	ב	א	ה	ד
צ	ס	ל	כ	י	ט	ח	ז	ה
פ	ר	ק	צ	פ	ע	ס	נ	ו
ע	ה	ר	ג	ב	א	ת	ש	ז
ס	ל	כ	י	ט	ח	ז	ו	ח
נ	ק	צ	פ	ע	ס	נ	מ	ט
מ	ר	ז	ב	א	ת	ש	ר	י
ל	כ	י	ט	ה	ז	ו	ה	כ
כ	צ	פ	ע	ס	נ	מ	ל	ל
י	ג	ב	א	ת	ש	ר	ק	מ
ט	י	ט	ח	ז	ו	ה	ר	נ
ח	פ	ע	ס	נ	מ	ל	כ	ס
ו	ב	א	ת	ש	ר	ק	צ	ע
ו	ט	ח	ז	ו	ה	ר	ג	פ
ה	ע	ס	נ	מ	ל	כ	י	צ
ר	א	ת	ש	ר	ק	צ	פ	ק
ג	ה	ו	ו	ה	ר	ג	ב	ר
ב	ס	נ	מ	ל	כ	י	ט	ש
א	ה	ש	ר	ק	צ	פ	ע	ת
Línea de los Malos	♄	♃	♂	☉	♀	☿	☽	

ENTRADA DE LOS MALOS (columna izquierda)

ENTRADA DE LOS BUENOS (columna derecha)

Tabla tzerúfica de los planetas en hebreo

Luna	Mercurio	Venus	Sol	Marte	Júpiter	Saturno	
Zayin	Vav	He	Dalet	Gimel	Bet	Aleph	Aleph. א
Nun	Mem	Lamed	Kaph	Iod	Tet	Het	Bet. ב
Shin	Resh	Qoph	Tsade	Pe	Ayin	Samekh	Gimel. ג
Vav	He	Dalet	Gimel	Bet	Aleph	Taw	Dalet. ד
Mem	Lamed	Kaph	Iod	Tet	Het	Zayin	He. ה
Resh	Qoph	Tsade	Pe	Ayin	Samekh	Nun	Vav. ו
He	Dalet	Gimel	Bet	Aleph	Taw	Shin	Zayin. ז
Lamed	Kaph	Iod	Tet	Het	Zayin	Vav	Het. ח
Qoph	Tsade	Pe	Ayin	Samekh	Nun	Mem	Tet. ט
Dalet	Gimel	Bet	Aleph	Taw	Shin	Resh	Iod. י
Kaph	Iod	Tet	Het	Zayin	Vav	He	Kaph. כ
Tsade	Pe	Ayin	Samekh	Nun	Mem	Lamed	Lamed. ל
Gimel	Bet	Aleph	Taw	Shin	Resh	Qoph	Mem. מ
Iod	Tet	Het	Zayin	Vav	He	Dalet	Nun. נ
Pe	Ayin	Samekh	Nun	Mem	Lamed	Kaph	Samekh. ס
Bet	Aleph	Taw	Shin	Resh	Qoph	Tsade	Ayin. ע
Tet	Het	Zayin	Vav	He	Dalet	Gimel	Pe. פ
Ayin	Samekh	Nun	Mem	Lamed	Kaph	Iod	Tsade. צ
Aleph	Taw	Shin	Resh	Qoph	Tsade	Pe	Qoph. ק
Het	Zayin	Vav	He	Dalet	Gimel	Bet	Resh. ר
Samekh	Nun	Mem	Lamed	Kaph	Iod	Tet	Shin. ש
Taw	Shin	Resh	Qoph	Tsade	Pe	Ayin	Taw. ת

Tabla tzerúfica de los signos y las casas astrológicas en hebreo

Piscis Casa XII	Acuario Casa XI	Capricornio Casa X	Sagitario Casa IX	Escorpio Casa VIII	Libra Casa VII	Virgo Casa VI	Leo Casa V	Cáncer Casa IV	Géminis Casa III	Tauro Casa II	Aries Casa I	
Lamed	Kaph	Iod	Tet	Het	Zayin	Vav	He	Dalet	Gimel	Bet	Aleph	Aleph.א
Bet	Aleph	Taw	Shin	Resh	Qoph	Tsade	Pel	Ayin	Samekh	Nun	Mem	Bet.ב
Nun	Mem	Lamed	Kaph	Iod	Tet	Het	Zayin	Vav	He	Dalet	Gimel	Gimel.ג
Dalet	Gimel	Bet	Aleph	Taw	Shin	Resh	Qoph	Tsade	Pe	Ayin	Samekh	Dalet.ד
Ayin	Samekh	Nun	Mem	Lamed	Kaph	Iod	Tet	Het	Zayin	Vav	He	He.ה
Vav	He	Dalet	Gimel	Bet	Aleph	Taw	Shin	Resh	Qoph	Tsade	Pe	Vav.ו
Tsade	Pe	Ayin	Samekh	Nun	Mem	Lamed	Kaph	Iod	Tet	Het	Zayin	Zayin.ז
Het	Zayi	Vav	He	Dalet	Gimel	Bet	Aleph	Taw	Shin	Resh	Qoph	Het.ח
Resh	Qoph	Tsade	Pe	Ayin	Samekh	Nun	Mem	Lamed	Kaph	Iod	Tet	Tet.ט
Iod	Tet	Het	Zayin	Vav	He	Dalet	Gimel	Bet	Aleph	Taw	Shin	Iod.י
Taw	Shin	Resh	Qoph	Tsade	Pe	Ayin	Samekh	Nun	Mem	Lamed	Kaph	Kaph.כ
Lamed	Kaph	Iod	Tet	Het	Zayin	Vav	He	Dalet	Gimel	Bet	Aleph	Lamed.ל
Bet	Aleph	Taw	Shin	Resh	Qoph	Tsade	Pe	Ayin	Samekh	Nun	Mem	Mem.מ
Nun	Mem	Lamed	Kaph	Iod	Tet	Het	Zayin	Vav	He	Dalet	Gimel	Nun.נ
Dalet	Gimel	Bet	Aleph	Taw	Shin	Resh	Qoph	Tsade	Pe	Ayin	Samekh	Samekh.ס
Ayin	Samekh	Nun	Mem	Lamed	Kaph	Iod	Tet	Het	Zayin	Vav	He	Ayin.ע
Vav	He	Dalet	Gimel	Bet	Aleph	Taw	Shin	Resh	Qoph	Tsade	Pe	Pe.פ
T	Pe	Ayin	Samekh	Nun	Mem	Lamed	Kaph	Iod	Tet	Het	Zayin	Tsade.צ
Het	Zayin	Vav	He	Dalet	Gimel	Bet	Aleph	Taw	Shin	Resh	Qoph	Qoph.ק
X	Qoph	Tsade	Pe	Ayin	Samekh	Nun	Mem	Lamed	Kaph	Iod	Tet	Resh.ר
Iod	Tet	Het	Zayin	Vav	He	Dalet	Gimel	Bet	Aleph	Taw	Shin	Shin.ש
Taw	Shin	Resh	Qoph	Tsade	Pe	Ayin	Samekh	Nun	Mem	Lamed	Kaph	Taw.ת

Tablas Tzerúficas en letras latinas

Aunque el idioma hebreo es considerado el idioma en que hablan los ángeles, la tradición entiende que todos los idiomas poseen virtudes espirituales ya que estos son derivados de una lengua primordial y todos poseen un origen divino.

Según C. Agrippa, las tablas Tzerúficas pueden ser realizadas en todos los idiomas y no solamente en hebreo. Dice el maestro alemán: *"En verdad, como las letras de cada lengua, en cuanto a número, orden y figura tienen origen celeste y divino, creo que ese modo de calcular los nombres de los espíritus se puede realizar no sólo con las letras hebreas sino también con las caldeas, árabes, egipcias, griegas y latinas, y con todas las demás, construyendo con ellas tablas regulares a imitación de las precedentes".*

Para trabajar con las tablas tzerúficas elaboradas con letras latinas, se utiliza un abecedario de tan solo veintidós letras, la misma cantidad que posee el alefato, el alfabeto hebreo. Esto es sumamente importante y se debe a la virtud del número veintidós y su relación con los alfabetos sagrados.

En el tiempo, diferentes maestros han realizado diversas versiones de alfabetos de veintidós caracteres en letras latinas, tomando por base el alfabeto latino primitivo, el cual constaba de 21 letras. Como dice Jorge Adoum *"a veces en un alfabeto hay más de 22 letras; pero en el latino, las principales son 22 y las demás son derivaciones".*

El mismo E. Levy reconoce esta regla cuando relata el haberse topado con un talismán antiguo en cuyo reverso se puede ver un alfabeto latino de veintidós caracteres.

El reverso de la medalla contiene las letras del alfabeto, dispuestas en cuadrado mágico, de este modo:

```
A  B  C  D  E
F  G  H  I  K
L  M  N  O  P
Q  R  S  T  V
   X  V  Z  N
```

Dice E. Levi en su *Dogma y ritual*: "Puede advertirse que este alfabeto no tiene más que 22 letras, puesto que la V y la N están dos veces, y que está compuesto por cuatro quinarios y un cuaternario por clave y por base. Las cuatro letras finales son dos combinaciones del binario y del temario, leídas cabalísticamente forman la palabra AZOTH, dando a las configuraciones de las letras su valor en hebreo primitivo y tomando N por א, Z por lo que ella es en latín; V por la vau hebrea, que se pronuncia O entre dos vocales o letras que tienen de ella el valor; y la X por la tau primitiva, que tenía exactamente esa figura.

En esta medalla –que según E, Levi, le fuera mostrada en sueños, antes de adquirirla, por Paracelso– el maestro francés traza de manera clara la estructura de un alfabeto latino de veintidós caracteres.

A continuación, dispondremos la forma en que queda estructurado el alfabeto latino de veintidós letras.

Alfabeto latino de veintidós letras

A. B. C/K. D. E. F. G. H. I/J. L. M.
N. O. P. Q. R. S. T. U/V. X. Y. Z

Para que nuestro alfabeto quede estructurado con tan solo veintidós caracteres se deben quitar las letras Ñ, LL, W. Las letras K, I y U se equiparan a las letras C, J y V respectivamente.

A continuación vemos las tablas Tzerúficas de los planetas y los signos y casas astrológicas configuradas con letras latinas.

Tabla tzerúfica de los planetas en alfabeto latino de veintidós caracteres

Luna	Mercurio	Venus	Sol	Marte	Júpiter	Saturno	
g	f	E	d	c/k	b	a	A
p	o	N	m	l	i/j	h	B
y	x	u/v	t	s	r	q	C/K
f	e	D	c/k	b	a	z	D
o	n	M	l	i/j	h	g	E
x	u/v	T	s	r	q	p	F
e	d	c/k	b	a	z	y	G
n	m	L	i/j	h	g	f	H
u/v	t	S	r	q	p	o	I/J
d	c	B	a	z	y	x	L
m	l	i/j	h	g	f	e	M
t	s	R	q	p	o	n	N
c	b	A	z	y	x	u/v	O
l	i/j	H	g	f	e	d	P
s	r	Q	p	o	n	m	Q
b	a	Z	y	x	u/v	t	R
i/j	h	G	f	e	d	c	S
r	q	P	o	n	m	l	T
a	z	Y	x	u/v	t	s	U/V
h	g	F	e	d	c	b	X
q	p	O	n	m	l	i/j	Y
z	y	X	u/v	t	s	r	Z

Tabla tzerúfica de los signos y casas astrológicas en alfabeto latino de veintidós caracteres

Piscis Casa XII	Acuario Casa XI	Capricornio Casa X	Sagitario Casa IX	Escorpio Casa VIII	Libra Casa VII	Virgo Casa VI	Leo Casa V	Cáncer Casa IV	Géminis Casa III	Tauro Casa II	Aries Casa I	
N	M	L	I-J	H	G	F	E	D	C-K	B	A	A
B	A	Z	Y	X	U-V	T	S	R	Q	P	O	B
P	O	N	M	L	I-J	H	G	F	E	D	C-K	C-K
D	C-K	B	A	Z	Y	X	U-V	T	S	R	Q	D
R	Q	P	O	N	M	L	I-J	H	G	F	E	E
F	E	D	C-K	B	A	Z	Y	X	U-V	T	S	F
T	S	R	Q	P	O	N	M	L	I-J	H	G	G
H	G	F	E	D	C-K	B	A	Z	Y	X	U-V	H
X	U-V	T	S	R	Q	P	O	N	M	L	I-J	I-J
L	I-J	H	G	F	E	D	C-K	B	A	Z	Y	L
Z	Y	X	U-V	T	S	R	Q	P	O	N	M	M
N	M	L	I-J	H	G	F	E	D	C-K	B	A	N
B	A	Z	Y	X	U-V	T	S	R	Q	P	O	O
P	O	N	M	L	I-J	H	G	F	E	D	C-K	P
D	C-K	B	A	Z	Y	X	U-V	T	S	R	Q	Q
R	Q	P	O	N	M	L	I-J	H	G	F	E	R
F	E	D	C-K	B	A	Z	Y	X	U-V	T	S	S
T	S	R	Q	P	O	N	M	L	I-J	H	G	T
H	G	F	E	D	C-K	B	A	Z	Y	X	U-V	U-V
X	U-V	T	S	R	Q	P	O	N	M	L	I-J	X
L	I-J	H	G	F	E	D	C-K	B	A	Z	Y	Y
Z	Y	X	U-V	T	S	R	Q	P	O	N	M	Z

Para trabajar con estas tablas, operamos de igual manera que lo hacemos con las tablas en hebreo, buscando en la columna de la derecha las letras del nombre sobre el cual trabajaremos y ubicando en las columnas de los planetas y los signos las letras por las cuales las debemos permutar según la obra a realizar.

Como podrás comprender, estimado lector, las posibilidades de trabajo con las tablas tzerúficas son inmensas y está en el hábil indagador profundizar en el trabajo con las mismas más allá de lo aquí desarrollado.

Los nombres de los ángeles extraídos por medio del arte calculatorio pueden ser aplicados no solamente en la realización de talismanes sino también en las prácticas rituales, invitándolos de manera adecuada

CAPÍTULO 11
Los ángeles personales

Los ángeles propios

Nuestro mapa natal es un registro simbólico de quienes somos y es también la expresión de un trabajo a realizar en la búsqueda de la construcción de nuestro destino en la presente encarnación. Nuestro mapa celeste nos enseña el camino a seguir para poder acceder a nuestra madurez personal. Asimismo, este mapa es también un reflejo de las fuerzas espirituales con que contamos para lograr esta meta, este objetivo. Nuestra carta natal nos habla de quiénes somos, cuál es nuestra misión personal y cómo cumplirla y junto a esto, nos da las indicaciones precisas de cuáles son los seres de luz que nos asisten en este trabajo.

Podemos decir que nuestro mapa natal es un registro de las entidades de luz dadas por Dios mismo a cada uno de nosotros para poder acceder al cumplimiento de nuestro destino.

Como bien lo indica el texto hermético conocido como "Las definiciones del Asclepios al rey Amón", cada uno de los siete planetas posee sus propios ángeles, los cuales "*están encargados de los asuntos de la tierra; ellos actúan y modifican la condición de los estados y los individuos, dan forma a nuestras almas a semejanza suya, penetran en nuestras almas, penetran en nuestros nervios, en nuestra médula, en nuestras venas, en nuestras arterias e incluso en nuestro cerebro y hasta el fondo de nuestras vísceras. En el momento en que cada uno de nosotros recibe la vida y el alma, es tomado por los genios que presiden los nacimientos y que se encuentran situados en los astros".*

Cada persona, cada uno de nosotros, posee la asistencia de determinados seres espirituales, un conjunto de ángeles muy específicos que nos asisten de manera personalizada en el cumplimiento de nuestro destino y en la superación de aquellas "pruebas" que nos permiten acceder a este cumplimiento. Las pruebas son las "labores a realizar" que la Divinidad nos coloca en el camino de esta vida, a fin de permitir y favorecer nuestro desarrollo personal y espiritual. Estas pruebas no son solamente penas o dolores que debemos atravesar y trascender. Dios nos prueba en la abundancia y en la carencia, en la alegría y el dolor; por esto −siguiendo el simbolismo de las columnas del templo y del árbol de la vida− unas son llamadas "pruebas del lado derecho" y las otras "pruebas del lado izquierdo". Ambas, son ejecutadas, son llevadas a cabo, por entidades angélicas: los ángeles de la derecha y los ángeles de la izquierda, los ángeles de la "misericordia" y los del "rigor". Pasar una prueba implica purificar y amplificar nuestra energía espiritual. Cada prueba que sorteamos es una invitación a una labor espiritual y humana específica. Las pruebas del lado derecho, las de la misericordia son aquellas en las que se pone a prueba nuestra generosidad y nuestra capacidad de agradecer; por otro lado, las pruebas del lado izquierdo, las del rigor, son aquellas donde manifestamos y acrecentamos nuestra fortaleza y nuestra profundidad.

Más allá de que de nuestro mapa natal o "radix", es posible extraer infinidades de nombres de ángeles, en principio es bueno poder distinguir cuáles son aquellos ángeles que rigen los siete planetas tradicionales, el Sol, la Luna, Mercurio, Venus, Júpiter, Marte, Saturno según la posición que ocupan estos en el mismo, ya que la ubicación de cada uno de estos planetas en el cielo nos aporta indicaciones claras y concisas de cuáles son aquellos ángeles personales que nos permiten operar una transmutación de la energía de estos planetas en nosotros y en nuestra vida.

Según la tradición mágica, la luz divina se manifiesta y expresa en nuestro mundo descendiendo de Dios mismo hacia los ángeles. Estos a su vez la distribuyen sobre los doce signos y los siete planetas. La energía divina que estos ángeles esparcen no llega únicamente a los signos y planetas celestes sino también a todo aquello que en nuestro mundo le está sujeto. Cada uno de los ángeles planetarios acciona sobre aquello que le es propio, tanto en el plano celeste, como en el natural y el humano. De este modo, por ejemplo, el arcángel Gabriel, regente de la Luna, acciona y opera sobre todo lo que es lunar en la naturaleza, como pueden ser las mareas, el parto de los animales, etc., pero lo hace también sobre aquello que es lunar en la persona humana. Este accionar del ángel en lo humano involucra el cuerpo, operando sobre los órganos y funciones que el planeta rige, como puede ser, en el caso de la Luna, sobre los órganos y funciones lunares como la matriz, la piel, el sueño etc. Y también sobre lo estrictamente espiritual, ya que cada ángel como emisario de la luz divina es portador de una fuerza espiritual otorgada por Dios mismo, a la cual podemos acceder, invocándolo en caso de necesidad.

Los doce signos, los siete planetas y los cuatro elementos se encuentran en nosotros, son parte de nuestra constitución esencial. La ley de la analogía, ligada a la de las "correspondencias" indica que lo que se toca en un plano repercute en otro plano por simpatía. Lo que en el hombre y en la naturaleza es lunar, se encuentra en simpatía con la Luna. Lo mismo ocurre con los otros planetas.

Cada ángel planetario es un administrador de las energías de ese planeta en cada uno de nosotros. Conocer a nuestros ángeles planetarios nos permite operar de manera eficaz sobre las energías de cada uno de los planetas en nosotros mismos.

Los nombres de los ángeles planetarios personales tomados de nuestro mapa natal

Como ya lo hemos visto en el capítulo dedicado a los nombres de los ángeles, los siete planetas poseen la regencia de un ángel específico; igualmente, cada uno de los planetas de nuestro mapa natal se encuentra ubicado en uno de los setenta y dos quinarios del cielo, regidos cada uno de ellos por un ángel específico. Dado que la Divina Providencia ha determinado todo según su designio de manera sabia y eficaz, debemos entender, estimado lector, que no es casual que los planetas de nuestro mapa natal se encuentren ubicados en los sitios del cielo regidos por estos ángeles determinados.

Los ángeles que se encuentran en los lugares del cielo que ocupan los planetas en nuestro mapa natal, son los regentes personales de las energías de esos planetas en nosotros mismos.

Por medios estos ángeles podemos trabajar en nosotros las cuestiones propias de cada planeta de un modo individual, así como lo hacemos con los ángeles planetarios de un modo general.

El ángel que rige aquel quinario donde se encuentra nuestro Sol natal, por ejemplo, es el ángel que dispone de nuestras energías solares. Lo mismo ocurre con los otros siete planetas.

En principio, podemos obtener dos nombres angélicos para cada planeta personal.

Para poder determinar el nombre de nuestros ángeles planetarios personales, debemos primeramente distinguir la posición de los planetas en el cielo e identificar en qué signo y en qué grado de ese signo se halla cada uno de ellos.

Una vez ubicados los planetas en el mapa del cielo, se debe determinar en qué quinario se encuentra cada uno y observar cuál es el ángel —de los setenta y dos ángeles de los quinarios— que rige ese quinario. El ángel del quinario donde se encuentra el planeta, es el regente de las obras de ese planeta en nosotros.

Si nuestro Sol natal se encuentra en el quinario número siete, regido por el ángel Akaiah (אכאיה), este ángel es el regente de nuestra "solaridad" y va asistirlo en nuestra labor en todo lo que en nosotros es solar.

A fin de profundizar en esto, una vez que hemos determinado el nombre del ángel del quinario donde se encuentra un planeta de nuestro mapa, siguiendo las indicaciones dadas en nuestro capítulo anterior, se debe derivar el nombre del ángel del quinario en el cual se encuentra el planeta, en la tabla tzerúfica de los planetas en letras hebreas, en la columna del mismo planeta. De esta manera logramos obtener un nombre angélico más específico para cada uno de los planetas de nuestro mapa natal.

Dado que al estar en conjunción, dos o más planetas pueden encontrarse en un mismo quinario del cielo; derivando el nombre del ángel de ese quinario en la tabla tzerúfica de los planetas en la columna de cada planeta que se encuentre en el mismo quinario, podemos obtener un nombre angélico diferente para cada uno de estos planetas, tomados de un mismo nombre.

De este modo, si se encontraran en un mapa del cielo, por ejemplo, el Sol en el grado 25 de Géminis y Júpiter en el grado 27 del mismo signo, ambos están ubicados en el quinario del cielo regido por el ángel Caliel (כליאל). Si derivamos el nombre Caliel en la columna del Sol en la tabla tzerúfica de los planetas, obtendremos el nombre del ángel (חסאאל) el cual opera junto al ángel Caliel en las obras del Sol. De igual modo, si derivamos el nombre Caliel, en la columna de Júpiter de esta misma tabla, obtendremos el nombre (ומשאל) quien opera con el ángel Caliel en las obras de Júpiter.

Aplicar estos nombres angélicos personales en un talismán le aporta al mismo una virtud muy especial ya que estos ángeles son los encargados específicos de asistir, guiar, iluminar y proteger a la persona en el manejo de esa fuerza planetaria en particular.

Como podemos ver, los nombres angélicos obtenidos por medio de la derivación del nombre del ángel del quinario en el cual se encuentra cada planeta en un mapa natal, en la columna de ese mismo planeta, en la tabla tzerúfica planetaria, nos permite obtener los nombres de los ángeles regentes de las siete energías planetarias en una persona. Por medio de cada uno de ellos la persona puede operar de manera efectiva y eficaz sobre su solaridad, su lunaridad, su mercurialidad, etc.

Como ya lo hemos dicho, los ángeles regentes de un determinado planeta de nuestro mapa natal, son los espíritus angélicos con los cuales podemos trabajar de manera personal todo lo referido a ese planeta.

No nos cansaremos de recalcar el hecho de que el mapa del cielo del momento de nuestro nacimiento expresa de manera simbólica quiénes somos y que el mismo contiene, de forma cifrada, las claves de nuestra propia construcción personal. Por medio del conocimiento de nuestro mapa natal podemos disponer de la información necesaria que nos permita comprender el recorrido que debemos realizar a fin de alcanzar nuestra plenitud y, junto a eso, el mapa del cielo nos indica cuáles son las entidades de Luz que Dios ha colocado a nuestro servicio para este fin.

El trabajo con los ángeles personales no se limita a la elaboración de talismanes. Cada uno de estos ángeles puede ser invocado ritualmente a fin de poder ordenar y transmutar la energía de cada planeta en nosotros. Un talismán es un objeto mágico cuya función radica en favorecer nuestro trabajo espiritual. Un talismán es un elemento ordenador de nuestras propias energías, razón por la cual, si el mismo es elaborado operando con los ángeles que nos son propios, según la información que extraemos de nuestro mapa natal, su efectividad es mayor, dado que el mismo está "afinado" en nuestro tono energético personal.

Las siete energías planetarias en cada uno de nosotros

Como hemos dicho más arriba, si deseamos realzar la eficacia de un talismán planetario, debemos determinar los nombres de los ángeles que rigen este planeta en el mapa natal de la persona para quien será elaborado. Estos nombres se deben inscribir en el talismán. Los nombres de todos estos ángeles, pueden ser inscriptos en los talismanes en hebreo o por medio de sus "rúbricas", tal como se enseñan a elaborar en el capítulo 9.

Un talismán con los nombres de nuestros ángeles planetarios inscriptos en él, nos ayuda a poder ordenar y potenciar la energía de ese planeta en nosotros y también nos favorece el poder dominar y erradicar las condensaciones de energía negativa de cada planeta, llamadas en el esoterismo "larvas". Es una regla propia de la magia y la alquimia, tal como le enseña la tradición, considerar que "el astro es medicina del astro". Cada talismán planetario lleva en sí la fuerza necesaria para ordenar y corregir las energías propias de ese mismo planeta. Un talismán planetario, elaborado de manera adecuada, debe "rectificar" la energía de ese planeta en nosotros, corrigiendo y equilibrando la misma, logrando así que lo que falta se acreciente y lo que sobra se reduzca. De este modo, si una persona desea superar sus miedos, puede utilizar un talismán de Marte, el cual le ayudará a adquirir valor y fortaleza, virtudes eminentemente marciales. De igual manera, quien desee ordenar sus larvas marciales como pueden ser el enojo y la ira, debe utilizar un talismán de este mismo planeta ya que este lo ayudará a menguar estos sentimientos. Esta virtud "rectificadora" de los talismanes planetarios se haya en especial en la virtud de los Nombres Divinos trazados en ellos y en el hecho de que en estos se encuentran inscriptos los nombres de los ángeles capaces de asistirnos en las obras propias de ese planeta.

Para E. Levi "*los siete planetas mágicos corresponden a los siete colores del prisma y a las siete notas de la octava musical, representan así mismo las siete virtudes y por oposición los siete vicios de la moral cristiana*". Cada uno de los siete talismanes planetarios nos debe permitir, por un lado, atraer las energías luminosas de un planeta a fin de poder incorporar sus cualidades benéficas y por otro lado, nos debe asistir para ordenar en nosotros las energías negativas de ese mismo planeta.

Los talismanes personalizados son una herramienta ideal para trabajar sobre nuestras "larvas", ya que las mismas son condensaciones de energía negativa gestadas de algún modo a nuestra propia medida. No poseemos las larvas que deseamos sino las que podemos. Dado que los talismanes personalizados llevan impresos los nombres de nuestros ángeles planetarios propios, los mismos nos permiten trabajar sobre nuestras larvas de un modo sumamente eficaz.

Al final de este capítulo, podrás encontrar estimado lector, una clasificación de las larvas tomada del "Manual de alta magia".

Veamos a continuación los beneficios que podemos obtener al elaborar talismanes planetarios en los cuales se encuentran inscriptos los nombres de nuestros ángeles planetarios personales.

Saturno

A fin de poder operar sobre nuestra propia "saturnidad", debemos determinar cuál es el ángel del quinario donde se encuentra este planeta en nuestro mapa natal y derivar este nombre en la tabla de tzerúfica de los planetas en la columna de Saturno.

Por medio de estos ángeles podremos trabajar sobre nuestras energías saturninas: superación de duelos, cortes de hábitos nocivos, adquisición de límites y practicar las virtudes de Saturno que son: la profundidad, la paciencia y la serenidad entre otras.

Un talismán de Saturno nos permite erradicar las larvas saturninas.

Júpiter

Para acceder a un trabajo sobre nuestras propias energías jupiterianas, debemos determinar cuál es el ángel del quinario donde se encuentra este planeta en nuestro mapa natal y derivar este nombre en la tabla de tzerúfica de los planetas en la columna de Júpiter. Operando con estos ángeles lograremos trabajar de manera eficaz sobre nuestras cuestiones jupiterianas: abundancia, desarrollo personal, prosperidad.

Por medio de un talismán de Júpiter podemos atraer las energías necesarias que nos permitan practicar las virtudes propias de este planeta como son la generosidad, el agradecimiento y la alegría.

Los talismanes de Júpiter nos deben asistir para disipar las larvas de este planeta.

Marte

Para lograr operar sobre nuestras energías "marciales", debemos determinar cuál es el ángel del quinario donde se encuentra Marte en nuestro mapa natal y derivar este nombre en la tabla de tzerúfica de los planetas en la columna de Marte.

Marte es el planeta del vigor y entre sus virtudes podemos citar la fuerza, la voluntad y la valentía.

A través de un talismán de Marte, podemos trabajar sobre nuestras larvas marciales.

Sol

Para trabajar sobre nuestro Sol personal, debemos determinar cuál es el ángel del quinario donde se encuentra este planeta en nuestro mapa natal y derivar este nombre en la tabla de tzerúfica de los planetas en la columna del Sol.

Gracias a un talismán solar podemos operar sobre nuestra "solaridad": Autoestima, alegría, plenitud, autoconocimiento.

Las virtudes de la fe y la devoción, así como el amor a Dios y a los otros, son propias del astro "rey" que el Sol.

Las larvas del Sol pueden ser trabadas por medio de un talismán de este mismo planeta.

Venus

Si deseamos operar en nuestras obras de Venus, debemos determinar cuál es el ángel del quinario donde se encuentra este planeta en nuestro mapa natal y derivar este nombre en la tabla de tzerúfica de los planetas en la columna de Venus.

Gracias a estos ángeles, lograremos trabajar sobre mis energías "venusinas": logros afectivos, vida de pareja, amor, belleza, bienestar.

Venus es el planeta ligado a las virtudes de la amabilidad, la mansedumbre y la "empatía".

Por medio de un talismán de Venus en el cual se hayan inscripto los nombres de nuestros ángeles venusinos podemos ordenar en nosotros las larvas de este planeta.

Mercurio

Para lograr operar sobre las cuestiones ligadas al planeta Mercurio, debemos determinar cuál es el ángel del quinario donde se encuentra el mismo en nuestro mapa natal y derivar este nombre en la tabla de tzerúfica de los planetas en la columna de Mercurio.

Por medio de estos ángeles lograremos trabajar sobre lo mercurial en nosotros: comunicación, claridad de ideas, inteligencia, comprensión.

Las virtudes de Mercurio son la veracidad, la claridad de pensamiento y la capacidad de discernir lo bueno de lo malo.

Las larvas de Mercurio pueden ser erradicadas con un talismán de este mismo planeta.

Luna

A fin de lograr operar sobre nuestras cuestiones lunares, debemos determinar cuál es el ángel del quinario donde se encuentra el mismo en nuestro mapa natal y derivar este nombre en la tabla de tzerúfica de los planetas en la columna de la Luna.

Gracias a estos ángeles podremos trabajar sobre todo lo que en nosotros es lunar: intuición, afectos, familia.

La Luna está ligada a las virtudes de la sensibilidad y la intuición.

Por medio de un talismán lunar que lleva inscritos los nombres de nuestros ángeles lunares podremos dominar y erradicar las larvas de la Luna.

Los nombres angélicos personales según la disposición de los cuerpos celestes en nuestro mapa natal

Siguiendo las indicaciones vistas en el capítulo anterior en torno al modo de obtener un nombre angélico según la disposición de los astros en el cielo en un momento dado, podemos determinar el nombre de un ángel a partir de la posición de los astros en el cielo en nuestro mapa natal. Este ángel posee la fuerza de los siete planetas en un solo nombre, ya que el mismo está tomado de la posición de los mismos en nuestro horóscopo. Este nombre es sumamente específico y es muy eficaz cuando se lo inscribe en un talismán. Siguiendo el procedimiento descrito en el capítulo anterior, para obtener un nombre angélico por medio de la posición de los astros en nuestro mapa natal, debemos colocar en orden las veintidós letras del alfabeto hebreo en cada uno de los grados del zodiaco a partir del ascendente. Tomando las letras hebreas determinadas por la ubicación de los siete planetas tradicionales podemos obtener el nombre del ángel. Este nombre posee la fuerza y la virtud de los siete planetas sintetizados en un solo nombre, lo que permite que pueda ser agregado a cualquier talismán personal, sea cual sea. A fin de que el nombre angélico posea una fuerza mágica más contundente, aconsejo inscribirlo en los talismanes por medio de su "rúbrica" obtenida por medio del método Aiq Becar visto en el capítulo 9.

Los nombres de los ángeles personales tomados de nuestros propios nombres y oficios

Por medio de las Tablas Tzerúficas vistas más arriba, podemos obtener nombres de ángeles ligados a nuestros nombres u oficios.

Dice C. Agrippa: *"Están también los que entienden de tal modo el empleo de estas tablas, que creen que si la entrada se realiza con el nombre de la estrella, o del oficio, o del efecto deseado, se hace salir al espíritu, bueno y malo,*[44] *sirviendo para este oficio o este efecto. Asimismo, están los que creen firmemente que entrando con el nombre propio de la persona que sea se pueden extraer los nombres de los genios, debajo de la estrella que parezca presidir a tal persona, según conozcan por la fisiognomía, sus pasiones, inclinación, profesión y fortuna, que es marcial, saturnina o solar, o de otra naturaleza estelar".*

Por medio de las tablas tzerúficas podemos también obtener nombres angélicos tomados del nombre de una persona. Para esto es necesario determinar cuál de los siete planetas es el planeta de mayor dignidad en su mapa natal y calcular el nombre angélico sobre la columna de ese planeta.

Si no disponemos de esta información podemos obtener el nombre angélico entrando nuestro nombre en la tabla de los planetas en aquel planeta por el que sintamos mayor afinidad. Aunque este método se puede realizar con todos los nombres de una persona recomiendo tomar en principio el nombre con el que poseamos mayor identificación.

A modo de ejemplo, si una persona se llama "Juliana" y en su mapa natal el planeta Venus fuera el planeta de mayor dignidad o aquel con el cual esta persona más se identificara, tomaremos las letras de este nombre y las derivaremos en la columna del planeta Venus de la tablas tzerúficas de los planetas en letras latinas y obtendremos así el nombre "Sybsere" al cual le agregaremos, según lo determinemos la terminación "El" o "Iah", pudiendo ser finalmente el nombre del ángel "Sybsereiah", el cual expresa en letras latinas la virtud angélica del nombre Juliana operando en las energías del planeta Venus, lo cual otorga a este nombre condiciones de amorosidad, dulzura y belleza entre otras virtudes venusinas.

Si deseamos que el nombre de la persona obtenga la virtud de un planeta específico, podemos derivar el nombre en la tabla de ese planeta y obtener un nombre angélico que expresa la virtud

---

44 Estas tablas, como lo da a entender C. Agrippa, permiten extraer también nombres de entidades maléficas lo cual no será desarrollado en este libro.

de ese nombre operando en ese planeta. Lo mismo puede hacerse con la tabla de las casas astrológicas a fin de obtener un nombre acorde a la obra de cada casa. Por ejemplo, un nombre de prosperidad en la casa dos, uno de bienestar de pareja en casa seis, etc.

Esto que realizamos aquí con el nombre de una persona puede también realizarse con nombres de obras, negocios, etc.

Estos nombres pueden inscribirse en los talismanes planetarios a fin de intensificar su fuerza. Los mismos se inscriben tal cual resultan del cálculo realizado en las tablas más allá de la dificultad que estos tengan de ser pronunciados.

Por medio de este método, podemos elevar la energía de un talismán y proteger de manera muy eficaz a la persona, el lugar o la actividad para el cual lo realizamos. Tengamos presente, como ya lo hemos dicho en varias oportunidades, que es sumamente difícil dañar aquello de lo que se ignora su existencia. Por esta razón es que los magos y los iniciados suelen poseer nombres desconocidos por el común de la gente a fin de preservarse de energías negativas.

Si colocamos en el talismán de la persona el nombre de un ángel derivado de su propio nombre estaremos haciendo que el talismán opere más fuertemente sobre ella, ya que está "afinado" en su tono personal. El nombre de este ángel que hemos colocado en el talismán y el cual es derivado de su propio nombre no debe ser revelado por la persona a nadie. De este modo el talismán posee un elemento energético que no puede ser contrarrestado por medio de trabajos de maldad. Este nombre al que llamamos "nombre secreto" posee la virtud mágica de dirigir y proteger la energía de la persona o el lugar para el cual el talismán se ha elaborado y consagrado, razón por la cual se puede utilizar en los pedidos y ritualidades de manera muy eficaz. Como ocurre en todos los casos, la sobreabundancia de elementos no es necesariamente positiva, razón por la cual no es recomendable aplicar más de un nombre secreto en un talismán. En la magia, la sencillez es garantía de efectividad y la complejidad de lo contrario.

Más allá de su aplicación en los talismanes de los nombres de nuestros ángeles planetarios, podemos operar con ellos realizando ritos apropiados para este fin.

Podemos para esto realizar una ritualidad de siete días, un "septenario" por medio del cual solicitar a los ángeles regentes de nuestros planetas que nos asistan en aquellas obras sobre las que cada uno de ellos opera[45].

Para que un talismán sea más efectivo y su acción sobre quien lo utiliza sea más eficaz, es importante tener en cuenta "cuándo" y "cómo" se lo utiliza. Para esto, debemos determinar cuál es el momento más adecuado para colocarse el talismán por primera vez y también, realizar una "imprecación", un pedido ritual en el momento en que se lo coloca.

Las larvas

Las larvas son el producto de la condensación de energías negativas producidas por una persona, las cuales se concentran en un punto o núcleo a partir del cual comienzan a tomar una estructura propia hasta tornarse algo así como una criatura autónoma. Nuestros pensamientos y sentimientos negativos, cuando se repiten y persisten, van tomando un cuerpo propio, una cierta carga vital. Así es que comienza a conformarse una larva, la cual adherida al campo áurico de la persona se alimenta de la energía de esta. Una larva se asemeja (bien lo ha notado Jung) a lo que la psicología llama un complejo, una estructura psíquica independiente de quien la posee. Nuestras obsesiones, sean del tipo que sean son larvas. De hecho, toda obsesión es un sentimiento o un pensamiento que no siento ni pienso sino que estos se sienten y piensan en mí, independientes de mi deseo y mi voluntad. Las larvas

---

45 Podemos profundizar en los rituales propios de cada ángel planetario en el *Manual de alta magia* de esta misma editorial.

funcionan como parásitos energéticos, los cuales viven de nosotros, en especial de nuestra energía psíquica. Para comprender el funcionamiento de las larvas podemos observar el de los tumores corporales. Un tumor es –como está demostrado– una creación personal. Un tumor es un conjunto de células de la persona, las cuales se han independizado y ya no responden a quien las ha engendrado. El tumor, una vez desarrollado, se torna autónomo, igualmente ocurre con las larvas, las cuales son tumores psico-energéticos. Obsesiones, temores y vicios son claramente larvas. Todo lo que siendo nuestro nos domina sin que nosotros podamos dominarlo es una larva. Al igual que ocurre con los malos hábitos, lamentablemente, erradicarlas no es sencillo, en especial cuando estas llevan muchos años de formadas.

Las larvas no quieren morir, y al vivir exclusivamente de nosotros, tienden a amplificar los sentimientos y pensamientos que las mantienen vivas. Ellas llenan de temor al temeroso, aportándole ideas que lo atormentan; llenan de sentimientos de ira al iracundo; incentivan deseos apasionados en el lujurioso, etc. De la larva solemos decir que se liga a aquellas cosas que no queremos hacer ni pensar ni sentir pero las hacemos, queremos y pensamos igual. Queda con esto claro que no solo las obsesiones son larvas, también lo son nuestros prejuicios, ideas y sentimientos arraigados, irracionales e inamovibles.

En lo personal he desarrollado una clasificación de las larvas según las energías de los siete planetas. El estudio y clasificación de las mismas me ha llevado años de trabajo en los cuales he tratado de entender su dinámica y funcionamiento. Los llamados "siete pecados capitales" de la antigüedad y su relación con el septenario planetario nos van servir claramente de modelo para entender algo de la generación de las larvas.

Saturno

Lo antiguos le adjudicaban la pereza. También se relacionan: miedo a la muerte, nostalgia, apego al pasado, estancamiento, culpabilidad, rigidez, rencor, automortificación. Exceso de rigor. Exceso de crítica. Atracción por lo mortuorio. Falta de deseo de vivir.

Júpiter

Vinculado a la avaricia. También se relacionan: gula, consumismo, exitismo, egoísmo, apego desmedido a lo material o la fama, insatisfacción. Adicción al juego. Cleptomanía. Adicción a la comida. Acumulación enfermiza de objetos.

Marte

El pecado capital de este planeta es la ira. También se relacionan: ansiedad, inquietud, miedo, ataques de pánico, crueldad, violencia. Sadismo. Atracción por lo violento y lo truculento. Delirio de persecución. Adicción a las drogas estimulantes. Adicción a los esteroides.

Sol

Su pecado capital es la soberbia. También se relacionan: orgullo, inflación del ego, delirio de grandeza, delirio místico, necesidad de "ser el centro". Baja autoestima. Infantilidad.

Venus

Este planeta se vincula con la lujuria. También se relacionan: comodidad, hedonismo, adicciones sexuales.

Mercurio

La mentira es el pecado capital que los antiguos le adjudicaron. También se relacionan: intelectualidad. Dualidad. Mitomanía. Confusión. Indecisión. Ambigüedad. Dispersión. Habladuría. Adicción a la TV o a la información.

Luna

Planeta ligado a la envidia. También se relacionan: depresión. Desgano. Estado fantasioso. Dependencia afectiva. Adicción a las drogas de tipo alucinógenas. Adicción a los somníferos. Adicción a la adivinación.

Los objetos creados por la mano del hombre son algo así como naturaleza domesticada. Una mesa de madera ya no es un árbol, su carga vibratoria es muy distinta[46]. Cada objeto realizado por el hombre es un poco humano ya que lleva la impronta de quien lo realiza, porta algo de su alma. Esto da pie a que las larvas se puedan también fijar en los objetos y vivir en ellos. Así es que una larva de Marte (por ejemplo), que vive de las energías ligadas a la violencia, pueda tranquilamente habitar en un arma. Así es que una persona que toma esta esta arma, entra en contacto con la larva. Cuánto se ha hablado de los objetos vivos... de la vida secreta de nuestros objetos cotidianos... por esto, es importante purificar los objetos que han pasado por otras manos antes de utilizarlos nosotros. Para esto, recomiendo en aquellos que pueden ser lavados con agua, lavarlos con una mezcla de agua y vinagre de alcohol y los que no, incensarlos con incienso olíbano.

En torno a lo que hace a las larvas que portamos las personas, estas no pueden ser erradicadas si no es por medio de un trabajo sobre uno mismo que tienda a cambiar nuestros hábitos. La larva es gestada por nuestros propios miedos y deseos y es sobre estos que debemos trabajar. Debemos tener muy presente que la magia no reemplaza nuestro trabajo interior sino que tan solo (y esto no es poco) lo favorece. En la magia no hay nada que sea mecánico. Matar la larva no

---

46 Es tradicional considerar que los espíritus elementales no ven los objetos sino la carga energética que estos poseen adquirida del conjunto de factores que son: los materiales con que han sido construidos, su forma y la intención de quien los ha elaborado.

implica matar el hábito que las ha gestado. Lo que es posible hacer por medios mágicos con mucha efectividad es menguar la energía de la larva para que esta nos permita realizar este trabajo interior.

En el próximo capítulo, vamos a adentrarnos, estimado lector, en el arte de las consagraciones.

CAPÍTULO 12

Las consagraciones y sus reglas

La virtud y la fuerza de un talismán radican en que el mismo sea elaborado de manera correcta y, junto a esto, que el mismo sea debidamente consagrado.

Ya hemos dicho en nuestro *Manual de alta magia* que la consagración es un "arte" y una "ciencia" en las que todo mago debe profundizar. Es bueno recordar también que en la práctica mágica, en la medida de lo posible, no se utiliza ningún elemento que no haya sido debidamente consagrado.

Para consagrar adecuadamente un talismán es necesario tener en cuenta tres factores:

1. El rito

Existen diferentes formas rituales de consagración de talismanes, en todas ellas es importante disponer de un altar.

En principio, para consagrar nuestros talismanes, podemos armar un altar y desarmarlo al culminar la consagración. Si está en nuestras posibilidades, lo ideal es disponer de lo que llamamos un "altar activado". Esto implica que el mismo posee todos sus objetos y elementos consagrados. En caso de no poder disponer de un altar con estas condiciones, podemos, con el fin de consagrar un talismán, armar un altar para esa ocasión, siguiendo para esto indicaciones que veremos más adelante.

Las plegarias y las fórmulas de consagración utilizadas en el arte talismánico varían según el tipo de talismán o sello a consagrar. En el presente libro, nos guiaremos para consagrar los talismanes planetarios en la enseñanza del célebre Papus.

Al final de este capítulo encontraremos las plegarias de los siete planetas, conocidas como "plegarias del Enchiridion", las cuales se utilizan para la consagración de cada planeta en particular y las plegarias necesarias para consagrar los elementos del altar y las herramientas de trabajo.

2. Su dedicación

Esto implica determinar para quién y para qué se lo consagrará y a qué ser de luz se lo ligará.

3. El momento adecuado

Es sumamente importante determinar el momento astrológico o sagrado en el cual se consagra el talismán.

El altar mágico

Los talismanes y las herramientas deben consagrarse en un altar mágico.

Para la confección de nuestro altar, tendremos también en cuenta la enseñanza de Papus.

Según lo explica el maestro español, el altar "*ha de constituir un pantáculo del Universo en sus tres planos: humano, natural y divino...*".

Si no se cuenta con un "oratorio mágico"[47], lo más adecuado es "armar" el altar cuando se va a operar y desarmarlo al culminar, guardando todos sus elementos en un cajón exclusivo para esto o en una caja.

Los elementos del altar deben ser adquiridos en el día del Sol que es el domingo. De no ser posible, recomiendo el día de Mercurio, el miércoles.

Una vez adquiridos se los debe guardar envueltos o cerrados hasta ser utilizados.

Antes de ser utilizados, todos los elementos deben ser purificados, primeramente lavándolos con abundante agua en la que se ha mezclado sal marina o vinagre de alcohol y posteriormente pasándolos por el humo de incienso olíbano.

En caso de manteles y telas, el lavado puede hacerse sumergiéndolos en agua con sal marina o vinagre de alcohol dejándolos por lo menos una noche para luego lavarlos de manera habitual, sin mezclarlos con otras prendas.

Estas son las cuestiones que debemos tener presentes para que la elaboración de nuestro altar:

*Que el mismo esté mirando hacia el Este (desde la perspectiva de quien ora frente al altar).

*Colocar un mantel blanco.

*Colocar en el centro el pentagrama o estrella de los magos. La forma correcta de elaborar el pentagrama es por medio de una amalgama de los siete metales mágicos, sobre una placa de mármol, en vidrio o en papel.

En el capítulo siguiente, veremos otro diseño del mismo y el modo correcto de trazarlo.

---

47 El oratorio mágico es un espacio consagrado a las obras mágicas en el cual no ingresa otra persona más que el operador. Ver: *Manual de alta magia.* Cap. V.

Pentagrama o estrella de los magos

En cada esquina del altar, se colocarán los siguientes elementos:

1) En la esquina superior derecha, una vela del color del planeta.
2) En la esquina superior izquierda, un incensario con incienso olíbano.
3) En la esquina inferior izquierda, un cuenco con sal.
4) En la esquina inferior derecha, un cuenco con agua.

Si podemos consagrar los elementos del altar: las velas, el agua, el incienso y la sal, en los tiempos apropiados para cada uno de ellos, tendremos lo que llamamos un "altar activado", el cual posee una virtud mágico/espiritual muy elevada. Esta virtud redundará asimismo en la calidad de las consagraciones.

En caso de no disponer de los objetos rituales consagrados (velas, sal, agua e incienso), debemos igualmente armar un altar con ellos y consagrar en él nuestro talismanes. Coloque para esto en el altar los cuatro elementos en sus sitios correspondientes y trace sobre un papel purificado la estrella de los magos con una cruz de brazos iguales en el centro.

Consagración de los elementos del altar

Si deseamos que nuestro altar esté "activado", debemos consagrar las velas, el agua, la sal y el incienso de manera especial y en tiempos determinados, tal como veremos a continuación.

Las velas

Las velas que encendemos en nuestro altar representan y expresan la energía del elemento fuego. Debemos procurar que o las velas o las lámparas que utilizamos en nuestras obras mágicas, sean de la mayor calidad energética posible y que las mismas estén consagradas. El fuego de un cirio consagrado, que haya sido elaborado de manera ritual, con materiales apropiados, posee una fuerza y una virtud espiritual muy superior al de una vela común. A continuación, veremos algunos extractos tomados de nuestro *Manual de alta magia*, referidos al uso de velas y lámparas en la práctica mágica.

Las velas y lámparas, por ser los elementos que involucran el fuego, están ligados al misterio y al poder de la "luz", la cual es un atributo de Dios mismo.

De todos los elementos aplicados en la práctica mágica, el fuego de las velas o las lámparas es el único que podemos considerar "imprescindible".

El fuego visible es una imagen en este plano del fuego invisible, que es Dios. Antes de comenzar cualquier obra mágica se debe encender fuego. Este atraerá las fuerzas espirituales que invocamos y alejará las energías de oscuridad.

Con la luz, los espíritus de luz acrecientan su fuerza y poder y los de oscuridad se debilitan. Esta idea pertenece a la más pura doctrina mágica y así lo explica C. Agrippa:

"Tal como los espíritus de las tinieblas son más fuertes en las tinieblas mismas, lo mismo ocurre con los espíritus buenos, que son los ángeles de la luz que se tornan más fuertes por la luz no sólo divina, solar y celeste, sino también por el fuego que está entre nosotros.

Es por esa razón que los primeros autores de las religiones y las ceremonias ordenaron no efectuar oraciones, salmodias ni ceremonia alguna antes de encender cirios (por ello dijo Pitágoras que no debía hablarse de Dios sin tener luz) y quisieron que se tuvieran cirios y luces cerca de los cadáveres para expulsar a los espíritus malignos, y pretendieron que no podía alejárselos ni depositárselos en tierra sino por medio de ceremonias misteriosas; y el mismo Omnipotente quiso, en la antigua Ley, que todos los sacrificios que le fuesen ofrecidos se hiciesen con fuego, y que este brillase siempre sobre el altar; esto lo hacían corrientemente las vestales entre los romanos; ellas lo conservaban y custodiaban continuamente".

La utilización de velas, cirios y lámparas de aceite es fundamental en los ritos y ceremonias de la magia así como en las religiosas.

Antes de comenzar cualquier obra o plegaria se debe encender una luz, sea esta de una vela, un cirio o una lámpara de aceite. En el trabajo en el laboratorio mágico, toda obra es precedida por el encendido de fuego y una invocación realizada en el altar. Todas las obras se realizan siempre con este fuego encendido.

Las condiciones para que la luz de una vela, un cirio o una lámpara de aceite, puedan vibrar con determinada fuerza mágica, dependen en gran medida de los materiales con que estos elementos hayan sido realizados, así como por su consagración. Al igual que con todos los elementos que se aplican en la magia, la consagración eleva la fuerza espiritual de estos elementos, haciendo que su fuego posea de manera más clara la virtud de atraer luz y expulsar oscuridad. Una luz consagrada es como un faro en el mundo invisible.

La distinción correcta entre "vela" y "cirio" depende de los materiales con que están realizados. A ciencia cierta, solo podemos denominar como cirio a aquellos que hayan sido elaborados a base de cera de abejas, la cual debe encontrarse obligatoriamente en cierta cantidad en los cirios que utilizan en los ritos de la iglesia.

En la práctica mágica, los cirios se elaboran con cierta cantidad de "cera virgen" que ha sido previamente consagrada. Las "Clavículas de Salomón", recomienda que las mismas sean elaboradas con luna creciente, bajo el día y la hora de Mercurio.

A diferencia de los cirios que están confeccionados con cera, las velas pueden ser elaboradas a base de otros materiales dentro de los cuales, los más comunes son la parafina y el cebo.

Los cirios que se aplican para los ritos religiosos adquieren su fuerza mayor al ser bendecidos. En el caso de los cirios utilizados en la magia, los mismos se consagran del modo adecuado según la obra en que se los utilizará.

Las velas como los otros elementos que expresan fuego, atraen e irradian energías similares a ellas mismas, nunca contrarias. Por esto es que la magia ha desarrollado un arte en torno a la correcta elaboración de las mismas. En la práctica mágica, las velas y cirios suelen llevar inscripciones, símbolos, elementos consagrados como sal o incienso, hierbas, etc., todo esto a fin de que las mismas sean un "imán" de aquello para lo que han sido elaboradas y consagradas. Al encenderse, esta luz se expande en el lugar donde se coloca, siendo su luz una presencia en el mundo visible y el invisible.

A continuación, daremos algunas recomendaciones con respecto al uso correcto de las velas en los rituales mágicos.

Si la vela o el cirio están consagrados o bendecidos, pueden apagarse una vez terminada la plegaria y ser nuevamente encendidos.

En caso de que un cirio o una vela consagrados o bendecidos se utilicen en un ritual que dure una determinada cantidad de días, el mismo debe dejarse arder hasta el final del último día del ritual.

Si la vela o el cirio a utilizar no son consagrados o bendecidos, los mismos deben ser purificados antes de ser aplicados a un ritual. Para esto, es necesario pasar la vela o el cirio por el humo de incienso y guardarlos separados en una caja, o envueltos en papel o tela hasta ser utilizados.

Si la vela o el cirio a utilizar no son consagrados o bendecidos, es preferible dejar que la vela o el cirio se quemen en totalidad.

Si la vela o el cirio a utilizar no son consagrados o bendecidos y se desea realizar un ritual que dure varios días, debe consumirse una vela completa cada uno de estos días.

Las luces que se encienden para uso ritual deben encenderse con un "fuego virgen", esto es: con un fuego recién encendido que no haya sido utilizado con anterioridad.

En lo posible, es recomendable apagar los cirios y las velas con un "apaga cirios" o en caso de no poseerlo, con una cuchara separada para este fin.

Las velas y sus colores

Si es posible, las velas pueden ser elaboradas con los colores que corresponden a cada planeta. Esto hace que el fuego de las mismas esté, de algún modo, "coloreado". Este color, al estar en afinidad y simpatía con determinadas fuerzas planetarias, va a atraer e imantar energías de ese orden. Vamos a trazar aquí un pequeño esquema de referencia:

Blanco
Para consagrar los talismanes de la Luna.
Arcángel Gabriel.
Día de la semana: lunes.
Se aplican las mismas características para el color plateado[48].

Amarillo
Para consagrar los talismanes del Sol.
Arcángel: Miguel.
Día: Domingo.
Se aplican las mismas características para el naranja y el dorado.

Verde
Para consagrar los talismanes de Venus.
Día: Viernes.
Arcángel: Anael.
Se aplican las mismas características para el color rosado.

---

48 Las velas blancas son las que se utilizan para aquellas obras que no poseen un fin determinado, así como para nuestra plegaria cotidiana. De igual manera, las velas blancas pueden ser aplicadas en toda obra donde no dispongamos de velas del color adecuado o desconocemos cuál es el mismo.

Azul

Para consagrar los talismanes de Júpiter.
Día: Jueves.
Arcángel: Zachariel.

Rojo

Para consagrar los talismanes de Marte.
Día Marte.
Arcángel: Sanael.

Violeta

Para los talismanes de Saturno.
Día: Sábado.
Arcángel. Orifiel.
Se aplican las mismas características para las velas de color marrón.

Multicolor

Para consagrar los talismanes de Mercurio.
Día: Miércoles.
Arcángel: Rafael.
Se aplican las mismas características para las velas "tornasoladas".

Para dar a las velas un cierto poder, recomendamos adquirirlas en el día del planeta correspondiente, y ese mismo día, incensarlas y colocarlas cada una en una caja apartada con este fin hasta el momento en que serán utilizadas.

Consagración de las velas

A fin de poder consagrar adecuadamente nuestros talismanes, debemos previamente consagrar las velas a utilizar, siguiendo las indicaciones y referencias planetarias vistas más arriba.

Antes de consagrarlas, debemos en lo posible purificarlas esparciendo sobre ellas agua consagrada e incensándolas con incienso consagrado.

Se colocan las velas sobre el altar y se recita sobre ellas la siguiente plegaria.

"Señor Dios, Padre bueno, creador de todas las cosas, permíteme dedicar y consagrar a Ti estas velas, para que las mismas puedan ser aplicadas dignamente en las obras que les son propias. Amén".

Se recita colocando las palmas de las manos hacia el agua la "Plegaria de las Salamandras"[49].

Se sopla tres veces sobre ellas y luego se dice: "quedan consagradas...".

Las velas ya consagradas se deben guardar separadas según su planeta.

Las velas, ligadas al elemento fuego se pueden consagrar cuando la Luna se encuentra en los signos de este elemento: Aries, Leo o Sagitario. Esta consagración posee la duración de un mes.

Si consagramos las velas en la Luna Nueva de los signos de Leo y Sagitario, esta consagración posee una duración de cuatro meses. Si lo hacemos en la Luna nueva de Aries, signo cardinal de fuego, esta tendrá una duración de un año.

En todos los casos, es aconsejable consagrar las velas según su correspondencia planetaria, consagrándolas el día del planeta correspondiente.

Agua consagrada

Por medio del agua consagrada podremos purificar tanto los talismanes que vamos a consagrar, como las herramientas y materiales con que los elaboramos.

En la medida de lo posible, debemos disponer de un agua de calidad, cuyas virtudes energéticas sean óptimas. Para esto recomendamos utilizar agua tomada de un pozo, de un río o del mar.

---

49 Al final de este capítulo encontraremos las plegarias de los 4 elementos.

En caso de no disponer de estas opciones, podremos utilizar agua de grifo o agua mineral envasada.

Debemos tener presente que el agua consagrada no es "agua bendita". El agua bendita, bendecida solemnemente por el sacerdote, en especial el sábado de Gloria y en Pentecostés, posee virtudes espirituales muy específicas que no son las del agua consagrada. Para la purificación de talismanes y herramientas es suficiente la aplicación de agua consagrada.

Consagración del agua

Se hecha en el agua un poco de sal marina (en lo posible consagrada).

Se coloca el agua en un recipiente sobre el altar y se recita sobre ella la siguiente plegaria:

"Señor Dios, Padre bueno, creador de todas las cosas, permíteme dedicar y consagrar a Ti esta agua, para que la misma pueda ser aplicada dignamente en las obras que le son propias. Amén".

Se recita colocando las palmas de las manos hacia el agua la "Plegaria de las Ondinas".

Se sopla tres veces sobre el agua y luego se dice: "quedas consagrada...".

El agua se consagra cuando la Luna se encuentra en los signos de este elemento: Cáncer, Escorpio o Piscis. Esta consagración posee la duración de un mes.

Si consagramos el agua en la Luna Nueva de los signos de Escorpio y Piscis, esta consagración posee una duración de cuatro meses. Si lo hacemos en la Luna nueva de Cáncer, signo cardinal del elemento agua, esta tendrá una duración de un año.

Si realizamos la consagración sin ninguna consideración astrológica, la misma servirá para la obra que se realice en ese momento y no más.

Incienso consagrado

El incienso, junto con los perfumes para defumar expresan la virtud del elemento "aire".

En el altar sobre el cual consagramos nuestros talismanes debe quemarse siempre un poco de incienso el cual se consume sobre carbones encendidos. Para esto, debemos disponer de un "incensario" o de un objeto adecuado para este fin.

Veremos a continuación algunas referencias tomadas de nuestro *Manual de alta magia* referidas al uso del incienso en la práctica mágica.

El incienso

Dadas las características de esta resina y sus virtudes, debemos dedicar unas líneas a ella[50].

Según Papus, el incienso puede ser aplicado en todas las obras de magia, ya que el mismo es una síntesis de todo lo bueno.

Lo primero y principal a tener en cuenta es que: *el incienso es la única resina que no puede ser aplicada para obras de oscuridad.*

El incienso no puede ser utilizado con resultados positivos en obras de brujería o de magia negra. Por otro lado, las características exorcísticas y purificadoras del incienso han sido reconocidas por los magos de todas las épocas. Su utilización ritual ha estado presente entre los griegos, los romanos, los hindúes y los egipcios, entre otras culturas sagradas.

Los perfumes que se utilizan con el fin de dominar o alejar a los espíritus oscuros, no funcionan de igual manera y con igual efecto en todas las épocas y en todas las culturas. Cada sistema de creencias, cada estructura espiritual posee sus propios demonios y sus propios antídotos ante estos, los cuales no actúan necesariamente en otros sistemas de creencias. Así es que los objetos protectores de una religión, están dotados de fuerza espiritual para

---

50 Al referirnos al "incienso" nos estamos refiriendo a la resina extraída del árbol llamado Juniperus Thurífera, la cual es conocida como "incienso olíbano".

contrarrestar los embates de los demonios de ese mismo sistema de creencias y se manifiestan efectivos en ese culto, pero no necesariamente en otro. El incienso ha demostrado ser, en la tradición judeo/cristiana, el perfume más eficaz para purificar.

Las entidades de oscuridad, al igual que los insectos y los roedores, tienden a volverse inmunes a los elementos con que se los combate. Así como las ratas generan anticuerpos contra los venenos, así los demonios se van inmunizando ante determinados elementos exorcísticos. El incienso ha manifestado ampliamente su poder purificador, razón por la cual se encuentra presente en todos los perfumes que se elaboran mezclando o combinando elementos. Amén de esto, una de sus mayores propiedades radica en el hecho de que su poder no puede ser inhabilitado por el uso continuo[51].

El incienso es, además, un dinamizador del plexo o chakra cardíaco, el cual está relacionado con las energías del planeta Sol. Esta es una de las razones de su utilización en los templos. El aroma del incienso, hace que nuestras energías se centren en nuestro corazón, centro de la devoción y lugar de encuentro con lo divino. Esta condición es similar a la que produce el canto gregoriano en el ámbito musical. Dentro del reino vegetal, la vid y el trigo son también solares, razón por la cual están presentes en el gran ritual solar del cristianismo. El pan y el vino, frutos del trigo y de la vid, también son dinamizadores de las energías espirituales, haciendo que nuestro ser se centralice en el corazón.

La utilización del incienso en la magia es inmensa. Su función purificadora no es la única. El incienso es aplicado también para "elevar la energía de los objetos sagrados o mágicos". Por esto es importante incensar el altar antes de comenzar las plegarias, incensar el recinto mágico antes de una operación, así como los instrumentos o herramientas a usar en un ritual e incluso a las personas que participan del mismo.

---

51 Este poder lo comparte el incienso con otros muy pocos elementos de la naturaleza, dentro de los cuales debemos contar a la sal y el vinagre.

El incienso se encuentra en las fórmulas de los magos de todos los tiempos. Tal como nos lo ha demostrado la experiencia, en la práctica mágica cotidiana es suficiente con quemar incienso puro.

Consagración del Incienso

Se coloca el incienso en un recipiente sobre el altar y se recita sobre él la siguiente plegaria:

"Señor Dios, Padre bueno, creador de todas las cosas, permíteme dedicar y consagrar a Ti este incienso, para que el mismo pueda ser aplicado dignamente en las obras que le son propias. Amén".

Se recita colocando las palmas de las manos hacia el incienso la "Plegaria de los Silfos.".

Se sopla tres veces sobre el incienso y luego se dice: "quedas consagrado...".

El incienso, relacionado con el elemento "Aire", se consagra cuando la Luna se encuentra en los signos de este elemento: Géminis, Libra o Acuario. Como lo hemos visto más arriba al tratar la consagración de las velas y el agua, esta posee la duración de un mes.

Si consagramos el incienso en la Luna Nueva de los signos de Géminis y Acuario, esta consagración posee una duración de cuatro meses. Si lo hacemos en la Luna nueva de Libra, signo cardinal de aire, esta tendrá una duración de un año.

Por medio del incienso podemos purificar y elevar el tono vibratorio de los talismanes al incensarlos con él. Junto a esto, es aconsejable elaborar un perfume de cada uno de los planetas, a fin de "impregnar" los talismanes, en el momento de la elaboración y en su consagración, de las energías propias del planeta sobre el cual será realizado.

Veamos a continuación las diferentes fórmulas tradicionales según las cuales podemos elaborar perfumes planetarios tal como las encontramos en nuestro *Manual de alta magia*. Es recomendable elaborar un perfume para cada planeta realizando una mezcla de incienso a la cual se le agrega una o más plantas del planeta en cuestión, machacadas en un mortero. Estos perfumes pueden ser quemados cada día de la semana según el planeta que le corresponda.

Sol
Hierbas: Almácigo, laurel, caléndula, todas las flores de pétalos amarillos o naranjas.
Día de la semana: domingo.
Ángel: Miguel.

Luna
Hierbas: Mirra, olivo, salvia, todas las flores de pétalos blancos.
Día de la semana: lunes.
Ángel: Gabriel.

Marte
Hierbas: Aloe, enebro, tabaco, ruda, todas las flores de color rojo.
Día de la semana: martes.
Ángel: Sanael.

Mercurio
Hierbas: Canela, eucalipto, menta, lavanda, todas las flores que poseen pétalos de colores múltiples.
Día de la semana: miércoles.
Ángel: Rafael.

Júpiter
Hierbas: Nuez moscada, benjuí, tilo, estoraque. Las flores de todas las plantas frutales. Todas las flores azules.
Día de la semana: jueves.
Ángel: Zachariel.

Venus
Hierbas: Azafrán, verbena, valeriana, azahar, rosa, jazmín. Todas las flores de gran virtud aromática.
Día de la semana: viernes.
Ángel: Anael.

Saturno

Hierbas: Hierba de Santa María, estoraque negro, comino. Todas las flores de colores oscuros.

Día de la semana: sábado.

Ángel: Orifiel.

Estos perfumes deben ser, en lo posible, elaborados y consagrados en momentos astrológicos propicios. El modo más sencillo de hacerlo es respetando el día y la hora del planeta y la fase de Luna nueva o creciente.

Sal consagrada

La sal se encuentra relacionada con el elemento "Tierra". Para el uso mágico, aconsejamos la utilización de sal marina o sal pura sin aditivos, en lo posible "gruesa"

En el altar, en el ángulo inferior izquierdo, se coloca el recipiente con sal consagrada. De esta misma sal se coloca un puñado en el agua consagrada a fin de mantenerla purificada. Igualmente, se colocan unos granos de sal consagrada en las "tintas mágicas" con el mismo fin.

Consagración de la sal

Se coloca la sal en un recipiente sobre el altar y se recita sobre él la siguiente plegaria:

"Señor Dios, Padre bueno, creador de todas las cosas, permíteme dedicar y consagrar a Ti esta sal, para que la misma pueda ser aplicada dignamente en las obras que le son propias. Amén".

Se recita colocando las palmas de las manos hacia la sal la "Plegaria de los Gnomos".

Se sopla tres veces sobre ella y luego se dice: "quedas consagrada...".

La sal, relacionada con el elemento "Tierra", se consagra cuando la Luna se encuentra en los signos de este elemento: Tauro, Virgo o Capricornio. Esta consagración posee la duración de un mes.

Si consagramos la sal en la Luna Nueva de los signos de Tauro y Virgo, esta consagración posee una duración de cuatro meses. Si lo hacemos en la Luna nueva de Capricornio, signo cardinal de tierra, esta tendrá una duración de un año.

Como hemos podido notar, la consagración de estos elementos posee una duración específica. Si cada uno de ellos se consagra en el signo astrológico "cardinal" de cada elemento, (Aries para el fuego, Cáncer para el agua, Libra para el aire y Capricornio para la tierra) la duración es de un año. Si se consagra en cualquiera de los otros dos signos de cada elemento, la duración es de cuatro meses.

En caso de no poder disponer del tiempo necesario para consagrar los elementos del altar en sus momentos específicos, podemos consagrarlos todos en un mismo día, respetando las plegarias propias que corresponden a cada uno de los elementos. Esta consagración tendrá una virtud energético/espiritual menor y su duración es la del día.

Rito de consagración de las herramientas y los talismanes

A continuación daremos las fórmulas y plegarias que podemos aplicar, tanto en la consagración de los talismanes como así también de las herramientas y los elementos como el agua, la sal, las velas y el incienso entre otros.

- Se debe armar un altar mágico, tal como ya lo hemos visto.
- Se enciende la vela del altar diciendo:

"Dios de Abrahamב, Dios de Isaacב, Dios de Jacobב, bendice a esta criatura de fuego, para que, santificada por ti, aleje toda oscuridad de este lugar y haga brillar tu luz en las obras que emprendo con tu benevolencia. Esto es lo que te pido por tu Único Hijo, nuestro Señor Jesucristo, que vive y reina contigo en unión del Espíritu Santo, por los siglos de los siglosב. Amén". (Las cruces se trazan sobre el mismo fuego de la vela)

• Se traza sobre uno la "cruz mágico/cabalística"[52] del siguiente modo:

Estando de pie, se debe llevar la mano a la frente y decir:
"A Ti pertenecen ¡Oh Altísimo...!".
Luego, se lleva la mano al pecho y se dice:
"El reino".
Dicho esto, se lleva la mano al hombro izquierdo diciendo:
"La Justicia".
Luego al hombro derecho diciendo así mismo:
"Y la Misericordia".
Finalmente se juntan en el pecho las dos manos, palma contra palma pronunciando:
"En los ciclos generadores de la eternidad. Amén".
Al pronunciar esta última frase, se realiza una inclinación hacia adelante, con las manos unidas en las palmas.

• Se recita el Padrenuestro.

• Todos los objetos rituales y los mismos talismanes, antes de ser consagrados, deben ser "purificados", lo que implica que los mismos sean asperjados con agua consagrada y sahumados con incienso consagrado, recitando luego sobre ellos la siguiente plegaria:

---

52 Para profundizar sobre la cruz mágico/cabalística ver *Manual de alta magia*, capítulo III, del mismo autor.

"¡Te ruego, Señor, que por medio de este incienso y de esta agua consagradas a Ti, sean estos elementos purificados de todo mal, a fin de que puedan ser debidamente consagrados! Amén"[53].

• Se recita la plegaria de consagración, la cual varía según el elemento a consagrar.

Para la consagración de las herramientas y elementos (tintas, lápices, agua, velas, etc.) que utilizamos para la elaboración de los talismanes recomiendo la siguiente plegaria:

"Dios eterno, Padre mío, bendice este instrumento preparado en tu honor, con el objeto de que no se emplee con éxito en cosa que no fuera beneficiosa a tu gloria y el bien de tus criaturas. Permíteme a mí, tu indigno servidor, consagrar a Ti este/a (citar el objeto a consagrar) a fin de que sea dignamente aplicado/a en las obras en las que sea utilizado/a. Amén".

Para consagrar un talismán planetario, luego de la purificación del mismo, procederemos del siguiente modo:

• Si disponemos del perfume del planeta al que pertenece el talismán, lo sahumaremos de ambos lados, no ya para purificarlo, sino con el fin de que el mismo se "imante" de energías propias de este planeta.

• Luego de esto, colocando las palmas de nuestras manos dirigidas hacia el talismán, recitamos la siguiente plegaria de consagración:

"Dios eterno, Padre mío, bendice este talismán preparado en tu honor, con el objeto de que no se emplee con éxito en cosa

---

53 Debemos considerar la purificación como parte de toda consagración. La purificación permite que el objeto a consagrar se encuentre energéticamente puro y dispuesto para recibir las energías que le serán dirigidas en la consagración.

que no fuera beneficiosa a tu gloria y el bien de tus criaturas. Permíteme a mí, tu indigno servidor, consagrar a Ti este talismán por los sagrados nombres impresos en él (pronunciar aquí los nombres divinos que se encuentran en el talismán) y por medio del ángel (nombrar el nombre del ángel del planeta), regente de su estrella que es (nombrar al planeta regente del talismán) para el bien de (nombrar aquí, con su nombre completo, a la persona para quien el talismán es consagrado) y sus obras. Amén".

En todos los casos en que consagramos talismanes, debemos siempre citar: el nombre de Dios, el nombre del planeta y su ángel y el nombre de la persona para quien es consagrado. Esta fórmula de consagración puede adaptarse para los ángeles de los quinarios o los de las moradas de las Luna y, de igual modo, debe modificarse para ser adecuada a la consagración de talismanes elaborados para lugares como casas, campos, locales, etc. Si los talismanes se consagran para lugares, se debe, en lo posible, citar la dirección exacta del lugar y los nombres de los moradores.

- La consagración de los talismanes, como la de cualquier herramienta, implica también un "triple soplo" por medio del cual el operador "insufla" sobre el objeto consagrado su voluntad y, junto a esta, las energías espirituales propias de las entidades invocadas. Al finalizar la plegaria de consagración, se sopla tres veces sobre el objeto diciendo: "quedas debidamente consagrado. Amén".

Según Papus, *"se consagra el talismán, según manda el rito de toda consagración, a lo que se añade el triple soplo. Además, es bueno decir la oración del día de la semana correspondiente a la operación y al objeto de la consagración"*. Siguiendo esta indicación, recomendamos aquí recitar la plegaria del planeta, trazando las cruces que se encuentran en ellas sobre el mismo con nuestra mano tal como si las estuviéramos bendiciendo[54].

- Se recita la plegaria Gloria.
- Se cierra el rito de consagración con la cruz mágico/cabalística.

Tomando los recaudos necesarios, recomendamos dejar el cirio del altar encendido hasta que se consuma en su totalidad y no retirar el talismán hasta que este se encuentre apagado.

Debemos tener en cuenta que una vez que un talismán ha sido consagrado no puede ser modificado. En caso de ser necesario hacer en el talismán un agregado, el mismo deberá ser consagrado nuevamente.

Si no disponemos de un oratorio consagrado, podemos trazar un "triple círculo de protección" lo cual nos permitirá disponer de un espacio energéticamente propicio para la consagración durante el tiempo que dure la misma. A continuación, veremos el modo de realizarlo, tal como lo encontramos en nuestro *Manual de alta magia*.

Para formar este círculo es necesario dar tres vueltas en sentido anti-horario. Luego, al terminar la obra que se realice, se lo debe desarmar repitiendo las tres vueltas en sentido contrario. Según nuestra experiencia, la fuerza o tensión de este círculo va estar en estrecha relación con los siguientes factores:

- La atención del operador al realizarlo.
- Que sea trazado con un elemento energéticamente potente.

Con respecto al primer punto, diré que cuanto más atento esté el operador, más poderoso será el círculo. Es importante realizarlo de un modo sereno y pausado. Para fortalecer el poder protector del círculo, se puede "visualizar" el mismo a medida que se avanza.

---

54 Al final de este capítulo encontraremos las plegarias de los siete planetas.

En torno al segundo factor, debemos tener en cuenta que todo acto o símbolo mágico que se realiza con un "soporte material" es más potente que aquel que se realiza con la sola imaginación o solamente con el gesto. Por esto, si trazamos el círculo llevando en la mano una vela encendida o el incensario con incienso, el círculo tendrá más poder. También será más fuerte, si dibujamos en el suelo un círculo con una soga o con carbón o tizas, y luego realizamos la triple vuelta. Todo esto se verá ampliamente incrementado en su poder, si el círculo se recorre y dibuja en el astral con una espada consagrada o si se lo dibuja en el suelo con tizas o carbones, también debidamente consagrados.

Si el espacio a trabajar es muy pequeño, en vez de caminar, gire sobre usted mismo con la mano derecha extendida, sosteniendo en esta una vela encendida. Manténgase atento, tal como si lo realizara caminando.

Siempre es importante recordar que se debe desarmar el círculo al culminar la obra, ya que si no lo hacemos, algo, una pequeña porción de nuestra energía quedará un tiempo en él, debilitándonos en alguna medida.

Si se desea reforzar el poder protector del círculo, le recomiendo, antes de comenzar el triple recorrido anti-horario, recitar la plegaria de consagración del círculo mágico.

La siguiente es una plegaria tradicional de la magia antigua, la cual es sumamente efectiva para proteger al operador de energías negativas.

Plegaria de consagración del círculo mágico

"En el nombre de la Santa, Bendita y Gloriosa Trinidad, procedemos con nuestros trabajos sobre estos misterios para que se cumpla lo que anhelamos; por tanto y por el Nombre de Dios, consagramos este trozo de tierra para nuestra defensa, para que ningún espíritu sea capaz de romper estos lazos, ni pueda causar daño a quien se encuentra dentro de este círculo.

Esto lo pedimos por Él, quien vive por siempre y para siempre; aquel que dijo, Yo soy el Alfa y el Omega, el Principio y el Fin, el que es, el que fue y el que será, el Todopoderoso, quien dijo: Yo soy el Primero y el Último, el viviente y el que fue muerto; y el que vive por siempre y para siempre; Yo tengo las llaves de la muerte y el infierno. ¡Bendice, oh Señor!, a esta criatura de la tierra; ¡Oh, Dios!, que tu fuerza sea con nosotros y que ningún adversario o mal alguno nos haga caer, lo pedimos por los méritos de Jesucristo. Amén".

Una vez realizado el círculo, podemos comenzar el rito de consagración.

Talismán y pantáculo

El acto mágico de la consagración permite generar un "lazo simpático", o "cadena magnética", un vínculo energético entre un objeto o un espacio con determinado ser de Luz y también con aquella persona para quien se lo consagra.

Consagrar un talismán es "ligarlo" a Dios y a las entidades específicas cuyos nombres están inscriptos en él. Un talismán se consagra a Dios y los seres de Luz para una obra en particular.

La consagración de un talismán implica "dedicarlo" a una obra, función, persona, lugar, etc., por lo cual al realizar la consagración debemos tener presente para quién o para dónde y para qué es consagrado. La dedicación de un talismán implica ligar el talismán a una persona, un lugar o una obra.

Las consagraciones pueden ser de dos tipos: "generales" o "particulares". En ambas consagraciones se deben tener en cuenta factores astrológicos diferentes.

La consagración general es aquella por medio de la cual un talismán es consagrado de manera tal que pueda ser utilizado de manera efectiva por cualquier persona que lo porte. En la consagración general, un talismán no es dedicado de manera específica a una persona o un lugar, sino que está dirigido a una obra en especial más allá de quién lo porte o el lugar donde se lo coloque.

Para consagrar un talismán de este modo, es necesario tener presente la posición de los astros en el cielo, buscando que el planeta regente del talismán que se desea consagrar se encuentre en una posición fuerte en el cielo.

La consagración particular es aquella en el cual un talismán se consagra de tal manera que el mismo se torna efectivo exclusivamente para quien ha sido consagrado. En este tipo de consagración, el contacto del talismán con otra persona que no sea aquella para quien ha sido consagrado, lo "des/consagra", rompiéndose así el lazo simpático generado entre el objeto y la persona, siendo necesario esperar un momento adecuado, a fin de consagrarlo nuevamente. Para consagrar un talismán para una persona determinada, es necesario, en lo que hace a los aspectos astrológicos, observar que los tránsitos planetarios sean los adecuados al mapa natal de la persona para quien se lo consagra. En este tipo de consagración, es sumamente importante nombrar en la consagración a la persona a quien el talismán se dedica, utilizando su nombre completo y, si es posible, su día de nacimiento. Cuando un talismán de este tipo es tocado por otra persona, no pierde totalmente su poder pero pierde, sí, la calidad otorgada por el lazo simpático individual.

En la práctica mágica, se considera necesario que el mago disponga de un talismán personal y otro general de cada uno de los sietes planetas. Esta es una de las razones por la cual E. Levy indica que todas las herramientas mágicas, no solo los talismanes, deben ser dobles. Se debe disponer de dos espadas, dos copas, etc. Uno de estos elementos siempre es individual y el otro, general. Uno se utiliza de manera reservada y no puede ser expuesto ni tocado por otra persona y el otro puede ser utilizado a la vista de otras personas y aplicado de manera tal que sea manipulado por terceros.

Según la enseñanza de G. O. Mebes, podemos llamar "talismanes" a aquellas piezas que se realizan con el fin de amplificar o acrecentar alguna energía que la persona ya posee fuertemente en su mapa natal. Así mismo, cuando queremos equilibrar una energía que en una persona es débil según sus condiciones astrológicas, G. O. Mebes las denomina "pantáculos". Para determinar las condiciones de los planetas en nuestro mapa natal debemos regirnos por las reglas propias de la ciencia astrológica, entendiendo en principio y de manera muy sintética, que todo planeta es fuerte cuando se encuentra en los signos que rige y no recibe aspectos maléficos de Saturno o Marte y que todo planeta es débil cuando se encuentra en los signos contrarios a su regencia o recibe aspectos maléficos de los planetas antedichos[55].

Los cuidados

Los talismanes se portan en contacto con el cuerpo dentro de pequeñas bolsas de tela del color del planeta o las cuales lleven dibujadas los signos o glifos de estos y se guardan en cajas de madera o cartón en las que se coloca en lo posible plantas secas afines al planeta. Dice E. Levi al referirse a los talismanes que *"todos los objetos de esta clase sean de metal sean de piedra, deben llevarse envueltos en saquitos de seda de colores análogos al espíritu del planeta y perfumados con el perfume correspondiente a su día, preservándolos de toda mirada y de todo contacto impuro"*.

Los cuidados a tener en cuenta son:

- Cada talismán se guarda por separado, evitando que entre en contacto con otros talismanes.
- Es de suma importancia que nadie toque un talismán que ha sido consagrado para alguien en particular.
- Los talismanes no deben estar en contacto con nada que no sea la persona que lo utiliza, en especial, los tornan ineficaces y los desconsagra el contacto con todo aquello que ha sido muy manipulado.
- Los desconsagra el contacto con objetos electromagnéticos.
- Un talismán, al ser objeto portador de cierta luz espiritual, se desconsagra si se es utilizado en rituales de brujería, lo mismo

---

55 Ver tabla "Dignidades de los planetas". Capítulo 4.

si se lo porta estando en lugares o espacios consagrados a la realización de estas obras.

- El talismán que más protege es aquel que todos (salvo el portador) ignoran que se lo posee.

Los talismanes pueden ser colocados en los lugares a fin de favorecerlos y preservarlos. Para esto se los puede ocultar en lugares especiales como detrás de cuadros, debajo de mesas, dentro de jarrones, etc. o también pueden ser enterrados en el lugar. Esta última opción es muy utilizada para proteger campos y lugares muy abiertos. En el caso de consagrar un talismán para un lugar, se debe pronunciar, en el momento de la consagración, la dirección exacta del lugar, pidiendo y solicitando bendición para todas las personas y criaturas que allí habiten. Se puede poseer más de un talismán, los cuales se portan sin embargo de a uno.

El primer momento en que la persona para quien se ha elaborado un talismán se lo coloca es de suma importancia para favorecer el efecto y la virtud del mismo. Esto es recomendado especialmente por Paracelso en su *Archidoxia mágica*. Recomendaremos, en principio, seguir las mismas indicaciones antedichas, tener aunque más no sea en cuenta que el día de la colocación sea en lo posible el día del planeta y su hora mágica[56].

Cuando se utiliza un talismán por primera vez, las energías nocivas que hemos acumulado con el tiempo –las cuales se denominan larvas– suelen movilizarse causando algunas veces cierto malestar. Este malestar es una "exoneración" de estas mismas energías. Por todo esto, es posible que un talismán de Marte, por ejemplo, el cual debiera ayudarnos a superar la inquietud y el temor, nos produzca al principio estos mismos sentimientos. Si esto ocurre, es un signo benéfico de la acción del talismán. En este caso, se recomienda utilizarlo de manera paulatina colocándoselo solo unos minutos por día hasta que las sensaciones desaparezcan.

---

56 Si se dispone de la información necesaria, se debe hacer que la Luna se encuentre favoreciendo en tránsito con una conjunción, un trígono o un sextil al planeta regente del talismán en el mapa natal de la persona, evitando así mismo que este mismo planeta posea malos aspectos de Saturno o Marte.

Los talismanes de protección pueden absorber las energías negativas dirigidas a la persona, lo que puede hacer que los mismos se deterioren. También pueden perder parte de su poder y eficacia. Si esto ocurriera, es necesario consagrarlos nuevamente.

Cerraremos esto citando a E. Levi quien, en lo que hace las consagraciones y los cuidados de los talismanes, dice: "Las imágenes de los talismanes pueden grabarse sobre siete metales o dibujarse sobre pergamino virgen, después consagrarse y magnetizarse siguiendo una intención bien precisa. De este modo se crearán focos de luz magnética, se los perfumará con los perfumes del ritual y se los guardará cubiertos en seda o en envases de vidrio para que no pierdan su fuerza.

"No deben ser prestados ni dados, a menos que se hicieran por encargo de otra persona y de acuerdo con ella".[57]

A continuación, encontraremos las plegarias necesarias para realizar la consagración de los elementos del altar mágico y los talismanes.

Las 7 plegarias de los planetas

Dentro de los textos más mágicos más respetados se encuentra el *Enchiridion Leonis Papae* o el *Manual del papa León*. Fue quizás gracias a E. Levi que este texto resurge del olvido. Levi –quien ha tenido al manual en alta estima– se refiere así al mismo en su *Historia de la Magia*:

"Hemos hablado del Enchiridion, *esa obra minuciosa que combina los símbolos más secretos de la Cábala con las más bellas oraciones cristianas. La tradición oculta atribuye su composición a León III y afirma que este Pontífice se la obsequió a Carlomagno, como el más precioso de todos los dones. El rey que la poseyese y supiese usarla dignamente se convertiría en amo del mundo. Tal vez no haya que desechar a la ligera esta tradición"*[58].

---

57 *Manual de alta magia.* Pág 345.

58 *Manual de alta magia.* Pág 87.

Estas siete plegarias son un conjunto de fórmulas mágicas ligadas a los siete planetas. Cada una de ellas lleva el nombre del día de la semana que le es propio a cada planeta.

En cada una de las plegarias, encontraremos cruces intercaladas en diferentes lugares. Estas deben trazarse con la mano sobre los talismanes en el momento que se recitan durante la consagración.

Las plegarias de los días de la semana son también las plegarias de los planetas. La plegaria del lunes es la de la Luna, la del martes, la de Marte, etc. Cada una de ellas posee una carga mágica específica, capaz de ordenar en nosotros la energía del planeta que le corresponde. Recitarlas en los días de cada una de ellas nos permite liberarnos de las "larvas" propias de ese planeta y nos ayuda a elevarnos espiritualmente asistidos por los espíritus de luz ligados a cada planeta.

Estas plegarias pueden también ser utilizadas como talismanes. Para esto se las debe escribir con tinta propia del planeta y en el día y la hora indicados o cuando el planeta en cuestión se encuentre en buen estado celeste. Cada una de ellas puede ser aplicada utilizando los mismos criterios que aplicamos a los talismanes planetarios

Para trazar las plegarias, es necesario pronunciar el texto a medida que se lo escribe, fijando de este modo la palabra en la escritura.

Las plegarias, una vez trazadas del modo correcto, se deben enrollar y atar y luego se las debe colocar en una bolsita de tela del color propio del planeta. Las mismas son muy eficaces y pueden ser portadas o colocadas en lugares e incluso –como ocurre con la del planeta Mercurio– pueden ser colocadas en vehículos a fin de protegerlos.

Plegaria del domingo (Plegaria del Sol)

"Líbrame, Señor, te lo ruego, –como criatura tuya que soy, N…, de todos los males pasados, presentes y futuros, tanto del alma como del cuerpo; dame por tu bondad la paz y la salud, y sedme propicio a mí que soy hechura tuya, por la intercesión de la bienaventurada Virgen María y de los apóstoles San Pedro, San Pablo, San Andrés y todos los Santos. Concede la paz a tu criatura y la salud durante mi vida, a fin de que estando asistido por la ayuda de tu misericordia, jamás pueda ser esclavo del pecado ni abrigar el temor de ningún desfallecimiento, por el propio Jesucristo, tu hijo, Nuestro Señor, que siendo Dios vive y reina en la unidad del Espíritu Santo por los siglos de los siglos. Así sea.

"Que esa paz celeste, Señor que has concedido a tus discípulos, resida siempre firme en mi razón y sea siempre conmigo y mis enemigos, tanto visibles como invisibles. Así sea.

"Que la paz del Señor, su cara, su cuerpo y su sangre me ayude, consuele y proteja a mí que soy hechura tuya N... tanto de alma como de cuerpo. Así sea.

"Cordero de Dios que te has dignado nacer saliendo de las entrañas de la Virgen María; que estando en la cruz lavaste al mundo de pecados, ten piedad de mi alma y de mi cuerpo, Cristo, Cordero de Dios inmolado para la salvación del mundo, ten piedad de mi alma y de mi cuerpo; Cordero de Dios por el cual son salvos todos los fieles, dame tu paz que ha de perdurar siempre en esta vida y en la otra. Así sea."

Plegaria del lunes (Plegaria de la Luna)

"¡Oh!, gran Dios, por quien todas las cosas fueron libertadas, líbrame de todo mal.

"¡Oh! gran Dios que has acordado tus consuelos a todos los seres, concédemelos también a mí. ¡Oh! gran Dios que socorriste y ayudaste a todas las cosas, ayúdame y socórreme en todas mis necesidades, mis penalidades, mis trabajos, mis peligros; líbrame de toda oposición y de las emboscadas de mis enemigos, tanto visibles como invisibles, en nombre del Padre que ha creado el mundo entero ✚ en nombre del Hijo que ha rescatado ✠ en nombre del Espíritu Santo que ha ejecutado la ley en toda su perfección. Me entrego en absoluto a vuestros brazos, y me pongo por completo bajo vuestra santa protección. Así sea.

"Que la bendición de Dios Padre, quien con una sola palabra hizo todas las cosas, sea siempre conmigo ✠ Que la bendición de Nuestro Señor Jesucristo hijo del gran Dios viviente, sea siempre conmigo ✠ Así sea.

"Que la bendición del Espíritu Santo con sus siete dones, sea siempre conmigo ✠ Así sea.

"Que la bendición de la Virgen María con su hijo, sea siempre conmigo. Así sea".

Plegaria del martes (Plegaria de Marte)

"Que la bendición y consagración del pan y del vino que Nuestro Señor Jesucristo ha hecho cuando ofreció a sus discípulos diciéndoles: 'Tomad y comed todos, éste es mi cuerpo, que será dado por vosotros en memoria mía, y para la remisión de todos los pecados' sea siempre conmigo ✠ Que la bendición de los Santos Ángeles, Arcángeles, Virtudes, Potencias, Tronos, Dominaciones, Querubines y Serafines, sea siempre conmigo ✠ Así sea.

"Que la bendición de los Patriarcas y los Profetas, Apóstoles, Mártires, Confesores, Vírgenes y todos los Santos de Dios sean siempre conmigo ✠ Así sea.

"Que la Majestad de Dios Todopoderoso me sostenga y me proteja. Que su bondad eterna me guíe. Que su caridad sin límites me inflame. Que su divinidad suprema me conduzca. Que la potencia del Padre me conserve. Que la sabiduría del hijo me vivifique. Que la virtud del Espíritu Santo sea siempre entre mis enemigos y yo, tanto los visibles como los invisibles. ¡Poder del Padre, fortifícame! ¡Sabiduría del Hijo, ilumíname!

"¡Consuelo del Espíritu Santo, confórtame! El Padre es la paz. El hijo es la vida. El Espíritu Santo es el remedio del consuelo y la salvación. Así sea.

"Que la divinidad de Dios me bendiga. Así sea. Que su piedad me exalte, que su amor me conserve. ¡Oh! Jesucristo, Hijo del gran Dios viviente, ten piedad de este pobre pecador. Así sea".

Plegaria del miércoles (Plegaria de Mercurio)

"¡Oh! ¡Emmanuel!: defiéndeme contra el enemigo maligno y contra todos mis enemigos visibles e invisibles y líbrame de todo mal.

"Jesucristo ha venido con la paz, Dios hecho hombre, que pacientemente ha sufrido por nosotros. Que Jesucristo, Rey generoso, esté siempre entre mis enemigos y yo, para defenderme. ✝ Así sea.

"Jesucristo triunfa ✝, Jesucristo reina ✝, Jesucristo manda ✝. Que Jesucristo me libre perennemente de todos mis males. ✝Así sea.

"Ved la cruz de Nuestro Señor Jesucristo. ✝ Huid, pues, enemigos ante su presencia: el león de la tribu de Judá ha triunfado. Raza de David, Aleluya, Aleluya.

"Salvador del mundo, sálvame y socórreme. Tú que me has rescatado por tu cruz v tu preciosa sangre, socórreme, yo te lo ruego, Dios mío, ¡oh! Agios, ✝ ¡oh! Theos. ✝ Agios Ischyros, Agios Athanatos, ✝ Eleiso Himas, ✝ Dios Santo, ✝ Dios fuerte, ✝ Dios misericordioso e inmortal, ✝ ten piedad de mí, de esta criatura tuya (N); sé mi sostén, Señor; no me abandones, no desoigas mis plegarias, Dios de mi salvación, ven siempre en mi ayuda, Dios de mi salvación. Así sea".

Plegaria del jueves

(Plegaria de Júpiter)
"Ilumina Señor mi mirada con los resplandores de la verdadera luz para que mis ojos no se cierren en un sueño eterno, por temor de que mi enemigo pueda tener ocasión de decir que he alcanzado ventajas sobre él. En tanto que el Señor esté conmigo no temeré

la malignidad de mis enemigos. ¡Oh!; dulcísimo Jesús, consérvame, ayúdame, sálvame. Que al nombre de Jesús toda rodilla se doble, tanto celeste, como terrestre e infernal, y que toda lengua publique que Nuestro Señor Jesucristo goza la gloria de su Padre. Así sea.

"Yo sé, sin la menor duda, que tan pronto como invoque al Señor en cualquier día y a cualquier hora que fuese, seré salvo. Dulcísimo Señor Jesucristo, Hijo del gran Dios viviente; que has ejecutado tan grandes milagros por la sola potencia de tu precioso nombre, y que has enriquecido tan abundantemente a los menesterosos, puesto que por su fuerza los demonios huían, los ciegos vieron, los sordos oyeron, los cojos anduvieron y los mudos hablaron, los leprosos se vieron limpios, los enfermos curados y los muertos resucitados; porque tan pronto como se pronunciaba solamente el dulce nombre de Jesús, el oído sentíase encantado y la boca llena de cuanto hay de más agradable. A una sola pronunciación, digo, los demonios emprendían la huida, toda rodilla se doblaba, todas las tentaciones, aun las de peor clase, eran desarraigadas, todas las enfermedades curadas, todas las disputas y batallas entre el mundo, la carne y el diablo, quedaban extinguidas y sentíase el ser lleno de todos los bienes celestiales, porque cualquiera que invocara o invocare el Santo nombre de Dios era y será salvo, este Santo nombre pronunciado por el ángel aun antes que fuese concebido en el seno de la Virgen. Así sea".

Plegaria del viernes

(Plegaria de Venus)
"¡Oh dulce nombre!, nombre que conforta el corazón al hombre, nombre de vida, de salvación, de alegría, nombre precioso, radiante, glorioso y agradable, nombre que conforta al pecador, nombre que salva, guía, conserva y gobierna a todo; que te plazca, pues, precioso Jesús, por la propia fuerza de ti mismo, Jesús, alejar de mí al demonio.

"Ilumíname, Señor, que ciego me encuentro, disipa mi sordera, déjame el uso de mis miembros porque me encuentro cojo, devuélveme la palabra ya que estoy mudo, cura mi lepra, devuélveme la salud, porque estoy enfermo, y resucítame, porque yo estoy muerto; envuélveme y rodéame por todas partes, tanto por fuera como por dentro, a fin de que estando provisto y fortificado con ese santo nombre viva siempre en ti, alabándote y honrándote, porque todo a ti se debe, porque tú eres lo más digno de gloria, el Señor y el Hijo eterno de Dios por quien todas las cosas se sienten llenas de júbilo y por Él son gobernadas. Loor, honor y gloria te sean dados siempre por los siglos de los siglos. Así sea.

"Que Jesús esté siempre en mi corazón y mis entrañas. Así sea.

"Que Nuestro Señor Jesucristo esté siempre dentro de mí. Que me restablezca y que esté en torno mío; que me conserve y que esté ante mí; que me guíe y que esté detrás de mí a fin de guardarme. Que esté por encima para que me bendiga. Que resida en mi interior, a fin de que me vivifique. Que esté junto a mí para que me gobierne. Que esté por encima de mí para que me fortalezca. Que esté siempre conmigo con objeto de que me libre de todas las penas de la muerte eterna, Él que vive y reina en los siglos de los siglos. Así sea".

Plegaria del sábado

(Plegaria de Saturno)
"Jesús, hijo de María, Salvación del mundo, que el Señor me sea favorable, dulce y propicio, y que me conceda una inteligencia santa y la voluntad para tributarle el honor y el respeto que le son debidos a Él, que es libertador del mundo. Nadie pudo poner sobre Él la mano, porque su hora aún no había llegado; es el que es, que era y que será siempre, ha sido Dios y hombre, comienzo y fin. Que esta oración que formulo, me preserve eternamente de los ataques de mis enemigos. Así sea.

"Jesús de Nazaret, rey de los judíos, título honorable. Hijo de la Virgen María, tened piedad de mí, pobre pecador y guíame según tu dulzura por la vía de la salvación eterna. Así sea.

"Jesús, sabedor de todo cuanto había de sucederle, adelantó y les dijo: ¿Qué buscáis? Respondiéronle: "A Jesús de Nazaret". Jesús repuso: "Yo soy". Judas, que debía entregarle, entre ellos estaba, y tan pronto como Él les dijo quién era, cayeron a tierra como derribados. Jesús les preguntó de nuevo: "¿Qué buscáis?". Y otra vez le respondieron: "A Jesús de Nazareth". Jesús contestó: "Ya os he dicho que soy yo. Si es a mí a quien buscáis, dejad ir en paz a aquellos (refiriéndose a sus discípulos). La lanza, la cruz ✠ las espinas, la muerte porque he pasado, prueba que borré y he expiado los crímenes de los miserables". Presérvame, Señor Jesucristo, de todas las llagas de pobreza y de las emboscadas de mis enemigos; que las cinco llagas de Nuestro Señor me sirvan continuamente de remedio. Jesús es la vía ✠ Jesús es la vida ✠ Jesús es la verdad, Jesús ha padecido ✠ Jesús fue crucificado ✠ Jesús Hijo de Dios vivo, tened piedad de mí ✠ Mas Jesús fue pasando por medio de ellos y nadie se atrevió a poner sobre Él su mano homicida porque la hora aún no había llegado. Así sea".

Las plegarias de los 4 elementos.

Las plegarias de los elementos pertenecen al depósito de oraciones más clásicas de la magia moderna. La primera referencia a las mismas nos ha llegado (más allá de que están íntegramente impresas en el *Dogma y Ritual* de E. Levi) de la mano del texto de "Montfaucon de Villars" llamado "Conversaciones con el conde de Gabalís sobre ciencias ocultas", (escrito y editado en el siglo XVII) en el cual se encuentra una de ellas, la "plegaria de las Salamandras". En este libro, se expresa de algún modo la doctrina hermética sobre los elementales ya enseñada entre otros por Paracelso en su "tratado sobre las ninfas, silfos, pigmeos, salamandras y otros seres", según la cual, los elementales buscan unirse al hombre para adquirir la gracia de la resurrección.

El texto de Montfaucon de Villars desarrolla a manera de pequeña novela y en tono de sátira enseñanzas tradicionales del hermetismo sobre los elementales y su relación con los humanos[59].

Las plegarias de los elementos suelen ser incluidas en el comienzo de muchas operaciones mágicas ya que las mismas atraen a los espíritus benéficos de cada reino.

Estas oraciones son verdaderas obras del arte mágico, llenas de poesía y simbolismo. Las mismas son atribuidas a los mismos espíritus elementales ya que, en ellas, estos se dirigen a Dios según la percepción que cada reino posee de él dependiendo del elemento en el que habitan. Así es como los Silfos se refieren a la Divinidad como aquel que es el "hálito imperecedero de la vida, suspiro creador", y las ondinas lo hacen refiriéndose a él como aquel que es un "océano de perfecciones infinitas".

Según la magia, los elementales más elevados son aquellos que se han ligado al hombre y reconocen a la Divinidad. Cuando recitamos estas plegarias –podemos considerar– que estos elementales las recitan con nosotros.

Estas oraciones se aplican asimismo a modo de "purificación de los elementos".

Las plegarias antedichas conforman una parte del ritual denominado "La conjura de los cuatro"[60] ya que estas sirven para "exorcizar el fuego, el agua, el aire y la tierra". Esta conjura suele aplicarse como apertura de los rituales mágicos que requieren una cierta protección ya que su fin es el de ordenar el equilibrio de los cuatro elementos, no ya solamente en el operador, como

---

59   No queriendo horrorizar a ningún lector, comentamos que –según lo cree la tradición popular– haber revelado estos misterios le valió a Villars la muerte. Esta idea es defendida por el mismo E. Levi en su *Historia de la magia*.

60   Ver capítulo XI.

ocurre en el trazado de la Cruz mágico/cabalística, sino también en el ámbito o local en que se opera.

La conjuración de los cuatro, descripta por E. Levi, para ser realizada de manera correcta, debe ser efectuada por quien posea las cuatro herramientas mágicas por medio de las cuales se domina a los elementos y que son asimismo el signo de la iniciación mágica, estas son: La vara, la copa, la espada y el sello.

Plegaria de las salamandras

"Inmortal, eterno, inefable e increado, padre de todas las cosas, que te haces llevar en el rodante carro de los mundos giratorios. Dominador de las inmensidades etéreas, en donde está elevado el trono de tu omnipotencia, desde cuya altura tus temidos ojos lo descubren todo, y que con tus bellos y santos oídos todo lo escuchan, ¡exalta a tus hijos a los cuales amas desde el nacimiento de los siglos! Porque tu adorada, excelsa y eterna majestad resplandece por encima del mundo y del cielo, de las estrellas; porque estás elevado sobre ellas. ¡Oh, fuego rutilante! porque tú te iluminas a ti mismo con tu propio esplendor; porque salen de tu esencia arroyos inagotables de luz, que nutren tu espíritu infinito, ese espíritu infinito que también nutre todas las cosas y forma ese inagotable tesoro de sustancia siempre pronta para la generación que la trabaja y que se apropia las formas de que tú la has impregnado desde el principio. En ese espíritu tienen también su origen esos santísimos reyes que están alrededor de tu trono y que componen tu corte. ¡Oh, Padre universal! ¡Oh, único! ¡Oh, Padre de los bienaventurados mortales e inmortales!

"Tú has creado en particular potencias que son maravillosamente semejantes a tu eterno pensamiento y a tu esencia adorable; tú las has establecido superiores a los ángeles que anuncian al mundo tus voluntades, y que, por último, nos has creado en tercer rango en nuestro imperio elemental. En él, nuestro continuo ejercicio es el de alabarte y adorar tus deseos, y en él también ardemos por poseerte. ¡Oh, Padre, oh, Madre, la más tierna de las madres! ¡Oh, arquetipo admirable de la maternidad y del puro amor! ¡Oh, hijo, la flor de los hijos! ¡Oh, forma de todas las formas! ¡Oh, alma, espíritu, armonía y número de todas las cosas. Amén".

Plegaria de las Ondinas

"Rey terrible del mar, vos que tenéis las llaves de las cataratas del cielo y que encerráis las aguas subterráneas en las cavernas de la tierra; rey del diluvio y de las lluvias de primavera, vos que abrís los manantiales de los ríos y de las fuentes; vos que mandáis a la humedad, que es como la sangre de la tierra, convertirse en savia de las plantas, ¡os adoramos y os invocamos! A nosotros, vuestras miserables y móviles criaturas, habladnos en las grandes conmociones del mar y temblaremos ante vos; habladnos también en el murmullo de las aguas límpidas, y desearemos vuestro amor; ¡Oh inmensidad a la cual van a perderse todos los ríos del ser, que renacen siempre en vos! ¡Oh océano de perfecciones infinitas! ¡Altura desde la cual os miráis en la profundidad, profundidad que exhaláis en la altura, conducidnos a la verdadera vida por la inteligencia y por el amor! ¡Conducidnos a la inmortalidad por el sacrificio, a fin de que nos encontremos dignos de ofreceros algún día el agua, la sangre y las lágrimas, por la remisión de los errores! Amén".

Plegaria de los Silfos

"Espíritu de luz, espíritu de sabiduría, cuyo hálito da y devuelve la forma de todo objeto; tú, ante quien la vida de los seres es una sombra que cambia y un vapor que se disuelve; tú que subes sobre las nubes y que marchas con las alas de los vientos; tú que respiras y los espacios sin fin pueblas; tú que aspiras, y todo lo que procede de ti a ti retorna; movimiento sin fin, en la estabilidad eterna, seas eternamente bendito. Nosotros te alabamos y nosotros te bendecimos en el empírico ambiente de la luz creada, de las sombras, de los reflejos y de las imágenes y aspiramos sin cesar tu inmutable e imperecedera claridad. Deja penetrar hasta nosotros el rayo de tu inteligencia y el calor de tu amor; entonces, lo que es móvil se verá fijado, la sombra será un cuerpo, el espíritu del aire será un alma, el sueño será un pensamiento. Nosotros nos veremos llevados por la tempestad, pero tendremos las bridas de los alados caballos matutinos y dirigiremos la corriente de los vientos vespertinos para volar ante ti, ¡Oh, espíritu de los espíritus! ¡Oh, alma eterna de las almas! ¡Oh, hálito imperecedero de la vida, suspiro creador, boca que aspira las existencias de todos los seres, en el flujo y reflujo de vuestra eterna palabra que es el océano divino del movimiento y de la verdad!... Amén".

Plegaria de los Gnomos

"Rey invisible, que habéis tomado la tierra por apoyo y que habéis socavado los abismos para llenarlos con vuestras omnipotencia; vos, cuyo nombre hace temblar las bóvedas del mundo; vos que hacéis correr los siete metales en las venas de la piedra; monarca de siete luces; remunerador de los obreros subterráneos, ¡llevadnos al aire anhelado y al reino de la claridad! Velamos y trabajamos sin descanso, buscamos y esperamos, las doce piedras de la ciudad santa, por los talismanes que están en ellas escondidos, por el clavo de imán que atraviesa el centro del mundo.

"Señor, Señor, Señor, tened piedad de aquellos que sufren, ensanchad nuestros pechos, despejad y elevad nuestras cabezas, agrandadnos, ¡oh, estabilidad y movimiento! ¡Oh, día envoltura de la noche! ¡Oh, oscuridad velada de luz! ¡Oh, maestro que no detenéis jamás el salario de vuestros trabajadores! ¡Oh, blancura argentina, esplendor dorado! ¡Oh, corona de diamantes vivientes y melodiosos! ¡Vos que lleváis al cielo en vuestro dedo, cual si fuera un anillo de zafiro, vos que ocultáis bajo la tierra en el reino de las pedrerías la maravillosa simiente de las estrellas! ¡Venid, reinad y sed el eterno dispensador de riquezas, de que nos habéis hecho guardianes! Amén".

CAPÍTULO 13

Espadas, tridentes, pentagramas, sellos y anillos mágicos

Los talismanes pueden grabarse en diferentes objetos mágicos como espadas, dagas, copas, anillos, etc. Cuando en un objeto mágico imprimimos signos y grabamos Nombres Divinos, los convertimos, de algún modo, en talismanes.

Los objetos mágicos sobre los que se inscriben talismanes deben tener una relación simbólica. En los objetos marciales como pueden ser espadas, dagas etc., se deben grabar talismanes de Marte, en objetos lunares como pueden ser las copas, debemos trazar talismanes de la Luna.

Espadas

Aquello que se inscribe en un objeto ritual, es lo que determina el poder y la virtud del mismo.

En el caso de las espadas, su uso en la magia es muy puntual e implica en especial el uso de las mismas para disipar las condensaciones de energías nocivas, de larvas. Esta es una de la razones por las cuales las espadas portan ciertos y determinados ritos.

E. Levy le adjudica a la espada condiciones "solares". Según lo indica en su "Ritual", en la espada debe grabarse, donde se une el puño con la hoja, de un lado una estrella de cinco puntas y una de seis puntas en el otro. En el pomo de la espada, se graba la rúbrica del arcángel Miguel, el ángel del Sol. En la hoja de la espada, en uno de sus lados se graba el lábaro de Constantino junto a la frase: *"Vince in hoc, Deo duce, ferro comite"*. En el lado contrario, se inscribe en hebreo lo siguiente: באילים יהוה מי במבה.

Podemos también grabar en las espadas el cuadrado mágico de Marte o la rúbrica de ángeles marciales, a fin de que estas sean elementos protectores.

El tridente de Paracelso

Existe una herramienta mágica diseñada específicamente para disipar larvas de lugares y personas, me refiero al tridente de Paracelso.

La virtud de este objeto/talismán radica, por un lado, en su diseño y, por otro, en las inscripciones que porta.

Al igual que las espadas, el tridente debe ser elaborado con un mango de madera que evite que la mano de quien lo opera entre en contacto con la hoja o la parte metálica del mismo.

Tridente de Paracelso

La virtud de esta herramienta mágica radica –tal como lo explicita E. Levi– en la fuerza mágica del número 3. Dice el maestro francés que *"a las combinaciones triangulares se unían en la cere-monias mágicas, las repeticiones de los nombres por tres veces y con entonaciones diferentes"*. Lo dicho tres veces, lo hecho tres veces, adquiere en el astral una gran fortaleza.

Según el gran esoterista ruso G. O. Mebes, las inscripciones de los tres dientes, del tridente: *OBITO, APDOSEL e IMO*, jun-to los signos que las acompañan –los cuales son adaptaciones de los glifos del signo de Cáncer, del planeta Júpiter y del sig-no de Leo– se relacionan con la acción del tridente en el astral, sobre las energías pasivas (Cáncer), activas (Leo) por medio de la autoridad humana (Júpiter). Las inscripciones que figuran en la empuñadura, P.P.P. VLIDOXFATO, expresan de manera je-roglífica una idea fuerza que puede ser expresada del siguiente modo: *"por medio del uso de la voluntad, libérate de las ataduras de la fatalidad"*.

El tridente de Paracelso es una herramienta sumamente eficaz para desintegrar larvas del astral en personas, objetos y lugares. Tal como ocurre con las espadas, esta cualidad se encuentra es-pecíficamente en sus puntas.

Paracelso recomienda elaborar el tridente el día y la hora de Saturno y grabar los signos que lleva inscriptos en el amanecer del día Domingo.

El pentagrama

Dice E. Levi que *"la llegada del Salvador fue anunciada a los antiguos magos por una estrella. Esta estrella era el penta-grama mágico que trae en cada una de sus puntas una letra hebrea"*.

Esta misma estrella es la estrella flamígera en la cual se inscribe la misteriosa "G" en las iniciaciones, es la misma que indica el final de la gran obra alquímica. Signo del ser humano, el microcosmos al servicio de Luz con su punta hacia el cielo, como se ve en el hombre de Vitruvio, signo así mismo de la quinta esencia alquímica. En síntesis, tal como lo refiere el maestro francés, "*la estrella de cinco puntas es la figura de la inteligencia que rige, por la unidad de la fuerza, las cuatro fuerzas elementales. Es el pentagrama de los magos. Es la estrella flamígera de los hijos de Hiram. Es el prototipo de la luz equilibrada. De cada una de sus puntas un rayo de luz sube, de cada una de sus puntas un rayo de luz desciende*".

Si existe un talismán que ha poseído y posee una merecida fama, es el pentagrama, en especial, en la versión que E. Levy transmite en su *Dogma y ritual de alta magia*. Allí se refiere al mismo del siguiente modo: "*El pentagrama expresa la dominación del espíritu sobre los elementos y es por medio de este signo como se encadena a los demonios del aire, a los espíritus del fuego a los espectros del agua y a los fantasmas de la tierra*".

La estrella de cinco puntas, estrella de microcosmos, es una síntesis de las siete fuerzas planetarias, razón por la cual se considera que el mismo debe ser elaborado por medio de una amalgama de los siete metales correspondientes a los planetas. E. Levi aconseja también grabarlo con oro sobre mármol blanco, o dibujado sobre vidrio.

El pentagrama es la estrella de los magos, el pentagrama luminoso que indica el camino a quienes desean abordar la labor de *osar, saber, querer y callar.*

La estrella de cinco puntas es el signo de la perfección La dignidad de este signo hace decir a E. Levi que "*todos los misterios de la magia, todos los símbolos de la gnosis, todas las figuras del ocultismo, todas las claves cabalísticas de la profecía, se resumen en el signo del pentagrama*".

Podemos elaborar el pentagrama trazando su figura con las tintas de los siete planetas mezcladas en una sola o también podemos trazarlo con el lápiz o las tintas del Sol, bajo los auspicios del día domingo.

La fuerza mágico/espiritual del pentágono y el pentagrama es resaltada también por C. Agrippa quien dice que "*el pentágono, con la virtud el número cinco tiene maravillosa virtud contra los demonios malignos...*".

La siguiente versión del pentagrama de Levy está diseñada en alfabeto tebano y en escritura celeste y los números que figuran han sido escritos en el sistema de numeración mágica.

El pentagrama requiere de una consagración especial cuyas claves están explicitadas en el *Dogma y Ritual* de E. Levi. En la misma se deben realizar determinados gestos rituales que impregnen el pentagrama de la virtud de los cuatro elementos, unidos por la quinta esencia. Esto se hace soplando sobre el mismo, asperjándolo con agua consagrada, sahumándolo con perfumes y apoyándolo en el suelo, para finalizar con la pronunciación de la misteriosa y mágica palabra "Azoth".

G. O. Mebes –quien fuera un gran difusor de la obra de E. Levi– sintetiza la consagración del pentagrama diciendo que *"la consagración del pentagrama debe tener un carácter sintético, también en relación con los cuatro elementos herméticos. En esta ceremonia el mago ocupa un lugar central dentro de la cruz de los elementos. El pentagrama debe recibir el hálito del operador (elemento aire) rociado con agua consagrada (elemento agua) pasado por el humo del incienso (elemento fuego) y por un tiempo, colocado en el suelo (elemento tierra). Cada una de estas manipulaciones se cumple cinco veces de acuerdo al orden dado, al tiempo que se pronuncian las letras sagradas: Iod (inclinándose hacia el Este); He (hacia el Norte); Vav (al Oeste), y He (inclinándose hacia el Sur). Finalmente, se pronuncia la letra Shin, de pie en el centro de la cruz, y con la mirada fija en el cielo. Como elemento final, indispensable de la consagración del pentagrama, viene la queda pronunciación de la Gran Palabra sintética, Azoth".*[61]

El pentagrama es una síntesis simbólica de los cuatro elementos (fuego, agua, aire y tierra) equilibrados en un centro, por esta razón, el mismo, cuando es realizado y consagrado de manera adecuada, es un gran sello protector frente a los espíritus elementales negativos

El pentagrama puede ser trazado no solo sobre metal o papel virgen, según E. Levi, *"el pentagrama cuando es trazado en líneas luminosas sobre vidrio ejerce también una gran influencia sobre los espíritus y aterroriza a los fantasmas".* G. O. Mebes, asimismo indica que el pentagrama puede realizarse en pergamino y considera superior su virtud cuando este se elabora con una aleación de oro y plata, los dos metales más preciosos.

El pentagrama debe colocarse sobre el altar. También puede ser portado, en este caso, el mismo debe llevar en el anverso el signo del hexagrama, la estrella de seis puntas[62].

También es muy bueno colocar el pentagrama en la puerta de las casas, a fin de protegerlas. Como lo refiere E. Levi: *"Los antiguos magos trazaban el signo del pentagrama sobre el umbral de su puerta para impedir la entrada de los espíritus malos y la salida de los buenos. Este acuerdo resulta de la dirección de los rayos de la estrella; dos puntas hacia afuera rechazaban a los malos espíritus; dos puntas dentro los retenían prisioneros; una sola punta hacia dentro cautivaba a los buenos espíritus".*

Los Sellos Sagrados

Los sellos sagrados no se encuentran sujetos a las influencias de los astros, por esta razón, es recomendable realizarlos y

---

61 La palabra "Azoth" es una palabra mágica conformada por la primera y la última letra de los alfabetos hebreo, griego y latino. Esta misteriosa palabra, está asociada a la "luz astral, la fuerza primordial que atraviesa y vitaliza todo lo existente". Asimismo, refiere también a Dios, principio y fin, Alfa y Omega.

62 Ver el "sello de Paracelso" en este mismo capítulo.

consagrarlos en aquellos tiempos que están por sobre el tiempo astrológico, me refiero a las "fiestas sagradas".

El siguiente sello pose en hebreo, en su reverso el Sagrado Nombre de Dios de siete letras "Ararita", junto a los Nombres de Dios de cuatro letras: Jehovah, Adonai, Iai y Eheie en el anverso. Según C. Agrippa, esta medalla es eficaz *"contra todas las enfermedades de los hombres y toda clase de aflicciones"*.

Este sello puede ser elaborado con tinta del Sol o en una medalla de oro. El mismo C. Agrippa aconseja realizarlo con tinta mágica, tal como la hemos visto preparar en nuestro capítulo 3.

Vemos a continuación la imagen de este sello, escrito en hebreo y en alfabeto celeste.

Dice C. Agrippa que *"los nombres de divinos son un medio apropiadísimo y poderosísimo para conciliar y unir al hombre con los dioses como leemos en el Éxodo: '¿En todo lugar en que recuerdes mi nombre, vendré a ti y te bendeciré'"*. Portar un sello en el cual están inscriptos los nombres de Dios, implica portar una bendición.

Se puede consagrar este sello en alguna de las grandes fiestas sagradas como Pascua o Navidad, Epifanía, Pentecostés o bajo las influencias del Sol. Otra forma de hacerlo es consagrarlo durante siete días consecutivos a partir de la Luna nueva, recitando sobre el mismo, cada día la plegaria del día, hasta completar los siete.

El maestro teutón, aconseja asimismo que la actitud del artista sea acorde a la obra que emprende, realizando el mismo esta medalla *"lleno de esperanza inquebrantable, y animado por fe firme y espíritu elevado hacia el Dios altísimo, para que puedan obtener y dar esa virtud divina..."*. Estas indicaciones de C. Agrippa que hacen a la actitud interna de quien escribe o talla un talismán son sumamente importantes. En las obras propias de la magia, como en las de la alquimia, la virtud del operador influye sobre la virtud de la obra. La actitud interna de respeto y atención de quien elabora un talismán, así como el cumplimiento de las normas rituales eleva ampliamente el tono energético de los talismanes elaborados. En algunos casos, como ocurre en la tradición hebrea en la elaboración de las mezuzá (los pergaminos que se colocan en los dinteles de la casa casas para protegerlas), estas solamente pueden ser escritas por un escriba que conozca las leyes que implican la escritura de textos sagrados y estar debidamente consagradas para este fin.

El sello de Paracelso

Dice E. Levy que Paracelso, este innovador de la Magia, que ha excedido a todos los demás iniciados por los éxitos obtenidos por sí solo, afirma que todas las figuras mágicas y todos los signos cabalísticos de los pentáculos a los cuales obedecen los espíritus se reducen a dos, que son la síntesis de los demás: el signo del macrocosmos o el sello de Salomón... y el del microcosmos, más poderoso todavía que el primero, es decir, el pentagrama, del que hace en la *Filosofía oculta* una minuciosa descripción.

Paracelso refiere la existencia de dos talismanes que, según él, son más poderosos que todos los demás. El primero se compone de dos triángulos, colocados uno sobre otro, de forma que constituyen siete espacios y presentan seis ángulos exteriores; en estos seis ángulos, se escriben las letras del nombre muy noble de Dios "Adonai".

Este es el dibujo del primer sello, el cual configura según la descripción de Paracelso, la estrella de seis puntas o hexagrama junto al sagrado Nombre Adonai, escrito en alfabeto tebano.

El segundo es mucho mejor, posee una virtud mucho más eficaz. Tres ángulos están entrelazados de forma que constituyen seis espacios y presentan cinco ángulos exteriores; en estos se ángulos se escriben las muy poderosas y nobles sílabas del nombre divino "Tetragrammaton".

El dibujo del segundo sello de Paracelso no es nada menos que la estrella de cinco puntas, el pentagrama, asociado al sagrado nombre de Dios Tetragrammaton escrito en alfabeto tebano.

El mismo E. Levy recalca la gran virtud de este signo, tan valorado por Paracelso, cuando dice de él que *"todos los misterios de la magia, todos los símbolos de la gnosis, todas las figuras del ocultismo, todas las claves cabalísticas de la profecía, se resumen en el signo del pentagrama, que Paracelso proclama como el mayor y más poderoso de todos los signos".*

Estas dos figuras, para portarlas, tal como lo hemos indicado más arriba y según la indicación de E. Levi, deben dibujarse en el anverso y reverso de un mismo sello. Esta medalla posee grandes virtudes, en especial en lo referido a la protección contra todo tipo de energías negativas. Según el mismo Paracelso, protege de todo tipo de brujería y de maldad y preserva a quien lo porta de elementales negativos.

Aconsejamos realizar y consagrar este sello bajo la influencia del Sol, un día domingo, con los elementos y materiales propios de este planeta o al igual que el sello anterior en alguna fiesta sagrada.

Anillos mágicos

Siguiendo la enseñanza de C. Agrippa, podemos elaborar anillos mágicos, los cuales poseen grandes virtudes mágicas.

Según el maestro alemán, para elaborar un anillo mágico, "*debemos tomar una hierba sujeta a una estrella afortunada, cuando esa estrella domina en buen aspecto con la Luna y fabricar el anillo en un metal que congenie y colocar una piedrecita dentro, con la hierba o la raíz sujeta y no dejar de hacer fumigaciones, grabando las inscripciones de imágenes y caracteres...*".

La elaboración de los mismos implica conjugar en una misma pieza, junto a los símbolos propios del planeta, hierbas y piedras de este mismo planeta. El anillo debe elaborarse en el metal planetario. Dentro del mismo, es aconsejable inscribir la rúbrica que se obtiene del nombre del ángel del momento en que se lo elabora, siguiendo las indicaciones que hemos visto en el capítulo 10, al referirnos a los "cálculos de nombres angélicos según la disposición de los cuerpos celestes". La experiencia nos ha demostrado la fuerza de estos anillos en todo tipo de obras. En torno al uso de los mismos no podremos detenernos aquí, solamente recordaremos la importancia del uso de anillos en la tradición mágica y religiosa. Nos alcanza remitirnos al anillo de Salomón y los anillos utilizados por los obispos y los papas, así como las alianzas de bodas, verdaderos talismanes de protección, cuya función es la de unificar los campos energéticos de quienes los portan.

CAPÍTULO 14

Guía para elaborar nuestros propios talismanes

A continuación, estimado lector, daremos una guía de los diferentes pasos que debemos seguir a fin de poder elaborar nuestros talismanes de manera adecuada.

- Podemos discernir cuál será el talismán que deseamos realizar siguiendo nuestras necesidades o deseos o por medio del análisis detallado de nuestro mapa natal.

Una vez elegido el talismán a realizar, debemos preparar convenientemente los materiales y las herramientas con que lo elaboraremos.

- Es aconsejable dibujar el talismán en un papel antes de trazarlo en el talismán.
- Podemos copiar los diseños de los talismanes que se encuentran en este libro o realizar un diseño personalizado.

- En caso de trabajar sobre un diseño personalizado, debemos realizar los cálculos de los nombres angélicos que deseamos grabar en nuestra pieza y trazar las rúbricas elaboradas según los nombres de los ángeles.
- Debemos determinar el momento astrológico adecuado para su elaboración, sea eligiendo el día y la hora apropiada o por medio de la ubicación de los astros en el cielo.
- Durante la elaboración de un talismán, debemos mantenernos en una actitud respetuosa, trabajando en un espacio donde reine el silencio y la serenidad. Tengamos presente que la actitud y la entrega del artista, determina en gran medida la cualidad y virtud del talismán.
- En la medida de lo posible, es aconsejable no realizar ninguna otra actividad durante todo el tiempo que dure el trazado de la pieza, evitando distracciones. Como decían los antiguos cabalistas, *mientras estamos escribiendo los nombres de Dios, aun si pasare el rey no debemos distraernos para saludarlo.*
- El arte talismánico es un arte sagrado que transforma al artista. Quien traza un talismán, entra en contacto con los Nombres Divinos, con los ángeles y los seres de Luz. Más allá de los beneficios que pudiera obtener quien porte un talismán, el arte talismánico ilumina y transforma a quien lo realiza.
- Una vez trazada la pieza, debemos consagrarla.
- Podemos consagrar el talismán inmediatamente después de que lo hemos trazado, de no ser así, podemos consagrarlo en otro momento, el cual debe ser elegido adecuadamente, tal como se ha elegido el momento de la elaboración.

Bibliografía

Agrippa, Cornelio. *Filosofía oculta*. Kier. Buenos Aires. 1978.

Anónimo. *Sefer Yetzirah*. Obelisco. España. 1992.

Anónimo. *Aesch Mezareph*. Muñoz Moya y Montaveta. España. 1987.

Anónimo. *Los libros de Hermes Trimegisto*. Edicomunicación. Barcelona. 1998.

Anónimo. *El zohar*. Obelisco. España. 1996.

Barrett, Francis. *El mago*. Ibis. España. 1990.

Burckhardt, Titus. *Alquimia*. Plaza y Janes. Barcelona. 1976.

Crollius, Oswaldus. *Tratado de las signaturas*. Obelisco. Barcelona. 1982.

de Vilanova, Arnau. *Discurso sobre el nombre de Dios*. Obelisco. España. 2005.

Enel. *Trilogía de la Rota*. Teorema. España. 1979.

Gaffarel, Jacobo. *Profundos misterios de la cábala divina*. Sirio. España. 2000.

Junius, Manfred. M. *Introducción a la alquimia de las plantas medicinales*. Luis Cárcamo editor. Madrid. 1979.

Levi, Eliphas. *Dogma y ritual de la alta magia*. Kier. Buenos Aires. 1995.

Magno, Alberto. *Los admirables y maravillosos secretos de la naturaleza*. Índigo. Barcelona. 2002.

Martines de Pasqueally. *Tratado de la reintegración de los seres*. Luis Cárcamo. Madrid. 2002.

Mebes, G. O. *Os arcanos maiores do taro*. Pensamento. Brasil. 1989.

Mebes, G. O. *Os arcanos menores do taro*. Pensamento. Brasil. 1989.

Muñiz Huberman, Angelina. *Las raíces y las ramas. Fuentes y derivaciones de la cábala hispanohebrea*. Fondo de Cultura Económica. México. 2002.

Néjera, Jorge. *Un árbol de ángeles*. Yug. México. 1998.

Papus, *La cábala*. Humanitas. España. 2001.

Papus, *Tratado elemental de magia práctica*. Kier. Buenos Aires. 1971.

Paracelso. *Los siete libros de la archidoxia mágica*. Humanitas. España. 1994.

Paracelso. *Tres tratados esotéricos*. Carcamo. Madrid. 1977.

Pesquero Franco, E. *Seudo Maslama el madrileño*. Picatrix. PDF.

Ptolomeo, Claudio. *Tetrabiblos y el centiloquio*. Las mil y una ediciones. España. 1981.

Ragón, J. M. *Curso filosófico de las iniciaciones antiguas y modernas*. Berbera editores. México. 2005.

Rev. J. H. Broome. *The astral origin of theemblems, the zodiacal signs, and the astral hebrew alphabet*, PDF. 1881.

Saint-Yves D' Alveydre, Alexandre. *El arqueómetro*. Editorial solar. Colombia. 1980.

Sosa, S. Guillermo. *El arte del libro en la Edad Media*. Ediciones de agua y energía eléctrica. Buenos Aires. 1966.

Stelardo, Julio. C. *Qabbalah sin velos*. Merlín. Uruguay. 2004.

Wallis Budge, E. A. *Magia Egipcia*. Humánitas. España 1996.

Z'ev ben Shimon Halevi. *El árbol de la vida*. Lidium. Bs. As. 1994.